TURING 图灵新知

U0734324

育儿脑科学

Yuji
Ikegaya

[日]池谷裕二 —— 著

吴怡文 —— 译

大脑发育的秘密与科学养育法

パパは
脑研究者
-
子どもを育てる
脑科学

人民邮电出版社

北 京

图书在版编目(CIP)数据

育儿脑科学:大脑发育的秘密与科学养育法 / (日)
池谷裕二著;吴怡文译. -- 北京:人民邮电出版社,
2022.9
（图灵新知）
ISBN 978-7-115-59388-7

Ⅰ. ①育… Ⅱ. ①池… ②吴… Ⅲ. ①婴幼儿－智力
开发－通俗读物 Ⅳ. ①G61-49

中国版本图书馆CIP数据核字(2022)第094589号

本书中译本由时报文化出版企业股份有限公司委任英商安德鲁纳伯格联合国际
有限公司代理授权。

内 容 提 要

本书为脑科学视角下的育儿科普读物。作者通过观察、记录自己女儿
的成长过程,用轻松的方式讲述了婴幼儿大脑的发展规律,展现了不同发
育阶段中,孩子的情绪、行为与心理背后的脑科学原理,为科学育儿和教
育提供了一种新的角度。针对睡前的哭闹、"不要不要"的闹别扭、撒谎
等常见问题,作者不仅做了脑科学上的解读,还以父母的角度给出了切实
可行的育儿方法。本书可作为父母的科学育儿指南,也可作为了解大脑发
育之谜的科普读物。

◆ 著　　　　[日]池谷裕二
　　译　　　　吴怡文
　　责任编辑　武晓宇
　　责任印制　彭志环
◆ 人民邮电出版社出版发行　　北京市丰台区成寿寺路11号
　　邮编　100164　电子邮件　315@ptpress.com.cn
　　网址　https://www.ptpress.com.cn
　　涿州市京南印刷厂印刷
◆ 开本:880×1230　1/32
　　印张:9.25　　　　　　　　2022年9月第1版
　　字数:176千字　　　　　　2022年9月河北第1次印刷
　　著作权合同登记号　图字:01-2022-2637号

定价:69.80元
读者服务热线:(010)84084456-6009　印装质量热线:(010)81055316
反盗版热线:(010)81055315
广告经营许可证:京东市监广登字20170147号

版 权 声 明

前言　我的育儿之道

在我结婚后的第十一年，我的女儿终于诞生了。对从以前开始就很喜欢跟小孩玩的我来说，她的到来真是期盼已久。身为脑科学研究者，我读过许多研究婴儿大脑如何发育的学术论文。因此，从女儿诞生那天开始，我就对育儿这件事迫不及待了。

本书记录了我作为一名父亲，同时也作为一名脑科学研究者养育孩子的艰辛过程。在女儿4岁之前，我每个月都整理出自己的小发现。这本书不仅是我个人的育儿记录，也是一本思考人脑在发育过程中如何逐渐发挥脑功能的科普读物。因此，我在写作过程中苦心雕琢，希望除了养育孩子的父母之外，其他读者也能对人脑产生兴趣。

现实生活中，孩子的成长当然无法和脑科学知识完全一致，而且，每个孩子也各自有其不同的个性。我的女儿时而出现脑科学教科书中所描述的成长行为，时而又展现出与预想不同的情况。这样的每一天，都让我惊讶和感叹。婴儿从出生的那个瞬间就开始快速发育，一口气冲进了这个世界。面对这个事实，最先感到惊慌失措的，就是大人那个已经发育完全，习惯"慢慢来"的"迟钝"大脑。

于是，大人偶尔也会感到不安：如何和孩子相处才是最好的？在大人焦虑的时候，孩子又会不断快速成长。这时，很多父母就会开始急躁，希望能在还来得及的时候，尽快做些什么。

理所当然，父母一定会思考孩子的未来，所以很容易就会出现"希望孩子这样……""希望孩子那样……"的想法。

不过，这种态度未必正确，因为这样只是把父母的想法一厢情愿地套在孩子身上。俗话说的"好孩子"，指的似乎多是"听父母话的好孩子"，或是"大人觉得比较好带的孩子"，但用这样的方法来养育孩子，称得上是真正的"教育"吗？

孩子并不是为了实现父母的愿望而存在的木偶，也不是为了让父母自我满足而存在的代理人。我认为真正的教养并非"按照父母的期望来养育孩子"，而是要引导他们成为"即使父母不在身边，也能够表现很好的孩子"。也就是说，不是要把他们养育成依赖父母的孩子，而是要让其成长为不需要父母的孩子。

父母终究只须扮演辅助的角色，尽其所能地帮助孩子，这就是教养的核心。这种崇高的理想说起来当然很简单，难的是在每一天的育儿过程中贯彻这个信念。

在大女儿 3 岁生日前夕，我又有了第二个女儿。养育第二个孩子，我也是个"新手"。在这个过程中，我感觉理想和现实的差距更大了。记得有人说过，养育第一个孩子是在手忙脚乱的同时不断试错、修正，最后得到一个"失败的成品"；面对"第二个孩子"虽然干劲十足，但因为没有足够的时间同时照顾两个孩子，所以第二个就成了"偷工减料的作品"。这虽然是幽默的玩笑[1]，却也恰到好处地说明了"正确教养孩子"有多困难。

养育子女，不像考驾照那样是在驾校充分练习之后，才前往考场。所有的父母都是初学者，都是在尚未做好准备的状况下，就要开始养育子女。

同时，养儿育女也是一场"持久战"，若想每个细节都面面俱到，只会让自己精疲力竭。孩子没办法选择父母，父母也无法选择子女。可是，人是会改变的，一旦孩子有所成长，父母也会因为养育子女而得以成长。

养育究竟是怎么一回事？对人脑来说，"成长"又意味着什么？成长中的人脑如何运作？人的世界观如何形成、如何变化、如何变得多样化？所谓的个性又是什么？

仔细思索过这些问题之后，我们的日常生活又会出现新的

---

1 子女不是父母的"作品"。养育子女是"人"与"人"的平等沟通。

立足点，看待世界的方式也会有所转变，这才是育儿和脑科学相互融合的奥妙趣味。看着婴儿大脑的发育，我们能发现自己的大脑竟是如此地不可思议。吃饭、上厕所、绽放笑容、对话、嫉妒……平常很自然就能做到的事，绝非理所当然之事，那都是大脑回路创造的奇迹。诚挚希望各位读者可以基于这个观点来阅读本书。

之前，我每个月在育儿杂志《蜡笔月刊》上连载女儿的成长日记"脑科学研究者爸爸的育儿法"。本书正是根据连载内容大幅改写而成。为了将育儿过程更生动地传达给各位，我在原有文章之外，还添加了许多其他内容。在此，我要感谢蜡笔屋编辑部的所有成员，他们悉心协助我完成了如此烦琐的工作。

最后，我由衷感谢与我一起享受育儿之乐的妻子，以及为我带来许多美好体验的两个女儿。谢谢！

池谷裕二
2017 年夏

Chapter One

第 1 章

0~1 岁
婴儿的大脑比爸爸的更聪明!

Chapter Two

第 2 章

1~2 岁
诞生"自己",认识"他人"

Chapter Three

第3章 2~3岁
用身体、语言来沟通！

Chapter Four

第4章 3~4岁
独立自主，展现自我

第 1 章

0~1 岁
婴儿的大脑比爸爸的更聪明！

3 岁时，人类与生俱来的脑神经细胞数会随着成长环境和刺激，减少至原有的三成。

从出生那一瞬间开始，婴儿就要学习如何在这个世界生存下来，并加以适应。

正因为如此，短短几天内，不管是大脑还是身体都会有明显成长，其速度和复杂程度远远超乎大人。

* 参照日本厚生劳动省发行的《母子健康手册》

0 ~ 1 岁孩子大脑的发育过程

人各有特性，当然会有差异。请将孩子的成长过程印刻在脑子里，以豁然的姿态守护他们。

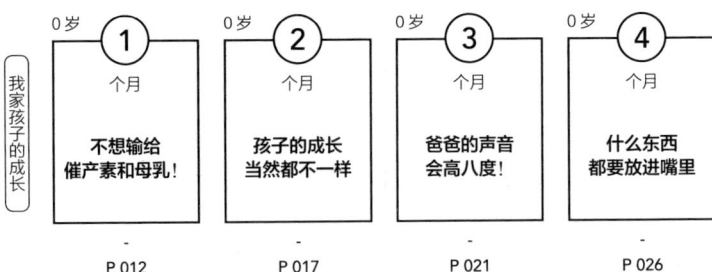

我家孩子的成长

0 岁 ① 个月	0 岁 ② 个月	0 岁 ③ 个月	0 岁 ④ 个月
不想输给催产素和母乳！	孩子的成长当然都不一样	爸爸的声音会高八度！	什么东西都要放进嘴里
P 012	P 017	P 021	P 026

一般的发展过程 *

· 脖子有劲儿了
· 一逗就会笑
· 听到有人从看不见的方向跟他说话，就会转到那个方向……

0 岁
5
个月

真的是
3 岁看老？

-
P 037

0 岁
6
个月

婴儿的时间感

-
P 041

0 岁
7
个月

从不舒服
转变为舒服

-
P 046

0 岁
8
个月

爬啊爬，
世界不断扩大

-
P 050

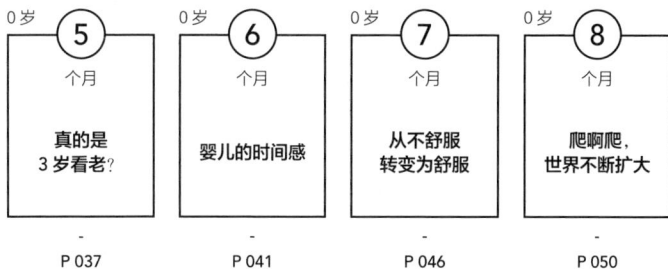

· 会翻身
· 能够一个人坐着
· 可以伸手抓玩具
· 会发出似是向家人讲话的声音
· 一听到声音就会马上转向声音的来源
· 开始吃辅食……

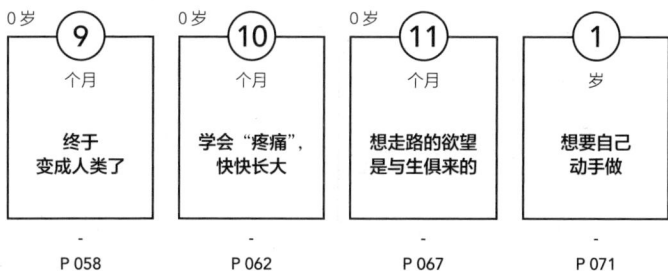

0 岁
9
个月

终于
变成人类了

-
P 058

0 岁
10
个月

学会"疼痛"，
快快长大

-
P 062

0 岁
11
个月

想走路的欲望
是与生俱来的

-
P 067

1
岁

想要自己
动手做

-
P 071

· 开始爬行
· 可以抓着东西站立
· 可以用手指抓小东西
· 会一个人玩
· 即使用很小的声音叫他，也会转过头来
· 会跟在别人身后爬行……

· 可以扶着东西走路
· 可以比出再见或问好的手势
· 会配合音乐扭动身体
· 了解大人说的简单招呼语（如"过来"）
· 会朝着别人手指的方向看
· 会因为有人陪他玩而开心……

1 个月　不想输给催产素和母乳！

○ 爱因为催产素而涌现

2013 年 3 月，我的女儿诞生了。最先让我感到惊讶的是妻子的变化[1]。我原本就喜欢小孩，而且自信比妻子更喜欢，所以我一直认为照顾小孩是我的工作。但女儿出生之后，妻子会一边给女儿哺乳，一边不断地说："好可爱啊！"我对妻子的行为感到非常新鲜，也深受感动，同时也感慨"不愧是大脑分泌的催产素的力量啊"（笑）。

催产素会在人分娩时被大量分泌[2]。它是帮助子宫收缩的激素，也是大家所熟悉的阵痛促进剂。催产素不只对子宫起作用，也会对大脑产生影响。这是一种能让人完全相信对方，并

1　怀孕和分娩会让女性的大脑与身体发生极大的变化，解析请参阅第 30 页。

2　Gimpl G, Fahrenholz F. The oxytocin receptor system: structure, function, and regulation, Physiol Rev, 81: 629-683, 2001.

向对方倾注爱情的激素。

比方说，如果你的鼻子被人喷了催产素，你就会完全相信眼前这个人。就算对方要求你签下对你不利的合约，你也会马上签名[1]。在催产素效用消失的瞬间，你会想："我为什么要签名？"不过，一旦又被喷了催产素，就算明知那是对自己不利的合约书，也还是会再度签上名字。催产素就是这样的一种激素，让你相信对方，甘愿为之赴汤蹈火。

女性分娩时会大量分泌催产素。她们看到自己生下的婴儿，很自然就会产生一种心态：不管做什么样的牺牲，我都要保护这孩子。生完小孩后，女性在哺乳时也会分泌很多催产素，所以随着哺乳次数的增加，母亲对孩子的爱也会更加强烈。这是大脑中已经设定好的一种"程序"，即使没有人教也会如此。这件事从生物学的角度来看非常有趣。现在，妻子对女儿的爱几乎超过我了。这都是因为催产素的关系，好不甘心啊（笑）。

○ 哺乳是最初的沟通

女儿出生前，我就公开宣称要当一个"奶爸"，所以女儿

1　Kosfeld M, Heinrichs M, Zak PJ, Fischbacher U, Fehr E. Oxytocin increases trust in humans. Nature, 435: 673-676, 2005. 催产素是区分对方是否是自己"同伴"的激素。相异于体内自然分泌的催产素，把它喷在鼻子上后，在发生作用的极短时间内，人会将不认识的人当作自己的"同伴"。

出生后，我都尽早完成工作，早点回家。只要我在家，就不会让妻子给女儿换尿布。而且，帮女儿洗澡，唱摇篮曲哄她睡觉的人也是我。我过于投入地照顾孩子，以至于被妻子责备道："多做一点其他的家务吧……"（笑）那时的我初为人父，可能变得太自以为是，也太逞强了。不过，育儿过程真的很开心。对没有参与的男性而言，绝对是他们的损失，因为这件事实在太有趣了。

妻子很顺利地分泌出大量母乳。可能有很多母亲因无法分泌母乳而烦恼。顺便说一下，我婴儿时期几乎都是喝配方奶粉的，倒也平安无事地长大了。

婴儿可以一边吸着母乳，一边呼吸。这并非理所当然，对人类来说，这其实很不可思议。大人用吸管喝果汁时，是无法呼吸的。小婴儿之所以能够在用鼻子呼吸的同时，还用嘴巴吮吸母乳，据说是因为他们的咽喉位置相对较高，吮吸时气管和食道可以各自发挥其功用。这是为了让母乳只能进入食道，不会进入气管而导致窒息的重要防御机制。

事实上，以呼吸系统的进化程度来说，婴儿和猴子一样。猴子也可以同时吃东西和呼吸。但是，人类为了学会说话，在出生 3~4 个月后，咽喉的位置会下降。要想巧妙控制空气的流动，自在发声，就必须让喉位下降，这也是人类与猴子的关键性区别。新生儿还不太会吞咽，为了避免吮吸母乳时出差错，新生儿的咽喉需要维持在高一点儿的地方，就像猴子那样。在人漫长的一生中，一边吮吸母乳一边呼吸的情况，是只有在婴儿期才能看到的珍贵瞬间。这实在非常奇妙[1]。

看了妻子喂女儿的模样，我再次确认了一件事：哺乳是一种沟通。

虽然婴儿拥有一边吸奶一边呼吸的能力，但事实上，他们并非持续不断地吮吸。婴儿出生后 1 个月左右，吃奶时大约会吸 30 秒，然后休息 15 秒。这是因为婴儿不吸的时候，妈妈会很自然地摇晃他们。不只是母乳，即使喝的是奶瓶中的配方奶粉，妈妈也一样会晃动奶瓶。持续摇晃几秒之后，婴儿才会继续吮吸。如果不加摇晃，婴儿就会多等一会儿再度吮吸。婴儿会常常停下来，等待妈妈的反应。如果妈妈在婴儿吮吸时故意摇晃他，婴儿则会停止吮吸。这就是一种沟通。

大人的对话也一样。别人说话时，我们必须停止发言，听对方说话；自己说话时，对方也会安静聆听。哺乳中的沟通虽然是一种原始行为，但这和大人的对话是一样的道理。这让我再次想到，"哺乳"就是沟通的最初形态[2]。

1　进一步说的话，婴儿能够利用唇部或颌部等口腔的"周边部分"来感知味道，这也是人在婴儿时期特有的能力。成年人用嘴巴里的舌头来感知味道，但婴儿可以（像鲤鱼或鲶鱼一样）利用口腔外的皮肤来感知。这也是他们能够很快找到乳房的原因。

2　妈妈与婴儿的沟通，也就是哺乳这种沟通，从一开始就是双向的。令人遗憾的是，爸爸与婴儿的沟通，包括对视、让玩具发出声音、跟婴儿说话等，从一开始就只能是"发出信息"这种单向沟通。不过即便如此，这些也都是打造沟通基础不可或缺的行为。

婴儿 2 个月大时，吃奶时的行为就会变成吮吸 15 秒，然后休息 7 ~ 8 秒。可以看到，互动的步调稍微变快了。如果妈妈不摇晃婴儿了，他们还会发出"啊"的声音，意思是"快和我玩"。

· 育儿闲话 ·

我会玩一种绕着女儿的床铺打转、和女儿对视的游戏。当女儿看着我时，我会非常开心[1]。这或许就是那种看起来有点傻的父母行为吧（笑）。

1 　婴儿也是这样的。相关的脑研究显示，即便是出生仅 2 ~ 5 天的婴儿，也可以识别对方是否在与自己对视。在出生后的前 4 个月里，婴儿会很明显地喜欢和父母对视。顺带一提，孕期 25 周（刚开始可以感受到胎动的时候）时的胎儿也喜欢和人脸类似的图形。也就是说，人类婴儿对"脸"的喜爱，和出生后的视觉经验无关，而是与生俱来的。（参考文献 1：Farroni T, Csibra G, Simon F, Johnson MH. Eye contact detection in humans from birth. Proc Natl Acad Sci USA, 99:9602-9605, 2002. 参考文献 2：Reid VM, Dunn K, Young RJ, Amu J, Donovan T, Reissland. The human fetus preferentially engages with face-like visual stimuli. Curr Biol, in press, 2017.）

2 个月　孩子的成长当然都不一样

○ 每一句"喔啊声"都要回应

这个时候，婴儿会逐渐发出"啊""喔"等类似元音的发音。这称为"喔啊声"（Cooing），是语言发展的开端。当婴儿发出"啊"时，父母要同样以"啊"来回应，这对语言和沟通能力的发展非常重要[1]。我每一次都会回应女儿，不，或许也是无意识地、自然地脱口而出（笑）。

刚开始，婴儿不会发现"啊"这个声音是自己发出来的，但会慢慢注意到这件事。3 ~ 4 个月时，当婴儿听到父母的回应时，就会注意到"妈妈在模仿自己的声音"，然后会突然切实感受到父母正在和自己沟通。大家都说孩子出生 3 个月后，

1　"回应"婴儿的"喔啊声"是大人的责任。这种回应短时间内可能会是单方面的，但像这样一步一个脚印地不断累积，便可以为沟通和最重要的信赖关系的形成奠定基础。父母在照顾孩子时，尽量不要东张西望或玩手机。

会变得越来越可爱，或许也是因为这样的变化。

最近，有件事让我觉得很不妙。女儿出生前后，我尽量不排太多工作，但现在我得付出代价了。

因为出差，我有一个礼拜没见到女儿。回家后，我清楚地感受到，她的声音和表情都更加丰富了，也更会笑了，而且会做的事情也不一样了，她开始想要伸手去拿眼前的东西。可是，如果出差的时间太久了，等我很开心地回到家后，她就会疑惑地看着我，仿佛在问："这人是谁？"唉，真希望她能把我记得清楚一点儿（泪）。

○ 当了爸爸之后，担心的事也变多了……

女儿虽然可以将视野内的自己的手或四周的东西，转成视觉信息送到大脑，但她还不能意识到那是"自己的手"或"物体"。这个时期，婴儿自己的身体行为和五感在大脑中还未统合在一起。

因此，为了让她能意识到这些，我每天都努力地对她说："看到了吗？这是你的手。""这样就可以把东西抓起来了。"当然，如果大脑没有相应的发展，就不会有任何效果（笑）。从很早之前，我就宣称要"当一个反对过激教育的爸爸"，主张不要从孩子很小的时候就开始强迫他们学计算和汉字，但我现在这个样子又该怎么解释呢？

现在，女儿还残留着一点儿"莫罗反射"[1]（Moro Reflex）。这是大脑回路发育过程中的一种暂时性反射。大脑的每个零件都互相联结，回路联动的时候，身体就会自己动起来。从新生儿到出生3个月左右都有这种现象，之后就会慢慢消失，开始变为细微的动作，但我认为我女儿的莫罗反射似乎稍微多了一点儿。

此外，还有一些事引起了我的注意。妻子经常和她的朋友碰面，也经常参加地方政府举办的育儿讲座，观察别家小孩的成长。结果，有别的妈妈和她说："你家孩子肤色有点黑呢。""才两个月而已，就长这么大了。"

在我有孩子之前，如果有人谈起对自家孩子成长状况的担忧，我都会很自以为是地跟他说："不用在意这些。"但是前几天，当妻子把几个朋友的小宝宝一起拍的照片拿给我看时，我确实有些介意自己家孩子的个头大了点儿，肤色也黑了点儿（笑）。不是一定要她特别优秀，但至少要"和大家一样"，这种心态或许是每个为人父母者都难以避免的。

实际上，孩子的发育程度存在一年以上的差距这种情况并

1　原始反射之一，也叫惊跳反射，由奥地利儿科医生恩斯特·莫罗（Ernst Moro）发现。它指的是婴儿在洗澡或听到很大的声响时，会张开双臂往上举，宛如紧抱什么东西似的模样。这是由大脑皮质中的神经细胞的大规模同步活动所引起的。原因在于大脑回路尚未发育成熟，无法根据不同功能细分，进而导致人脑整体一起产生反应，出现了类似"痉挛"的单纯反射现象。（参考文献：Goldstein K, Landis C, Hunt WA, Clarke FM. Moro reflex and startle pattern. Arch Neurol Psychiat 40: 322-327, 1938.）

不罕见，所以在意那一两个月的差异没有什么意义——虽然我脑袋里这么想，但确实还是有些在意（笑）。例如，和那个孩子相比，我家孩子的头发好像少了那么一点儿……

· 育儿闲话 ·

我女儿真能睡。今天早上我出门时，她还在睡。如果她醒着就可以一起玩了。

啊，真希望她多陪陪我（笑）。

3个月 爸爸的声音会高八度！

○ 控制身体，让自己可以真正看到东西

最近，女儿会对着自己看到的东西伸出手。从大脑发育的角度来看，这是因为视觉和触觉的信息整合之后，大脑根据这些信息，发出了活动身体（胳膊的动作）的指令，所以她能够触摸自己看到的东西。此外，当我叫她的名字、发出声音时，她也会把视线转向我这边。这种情况则是视觉和听觉整合之后，大脑更加精准地控制了身体的活动（脖子的动作）。

像这种五感并非各自运作，而是作为整体相互协调、联合运作的情况，以专业术语来说叫作感觉信息的跨模态整合[1]。"触摸看到的东西"等动作，乍看之下非常简单，但事实上，

---

1 Ettlinger G, Wilson W A. Cross-modal performance: behavioural processes, phylogenetic considerations and neural mechanisms. Behav Brain Res, 40: 169-192. 1990.

这个将来自不同感觉系统的信息加以整合的工作，对大脑来说非常困难[1]。这项工作主要是由额叶（Frontal Lobe）来执行的[2]。

"看得见"这种感觉，仅靠眼睛看是无法实现的。人类必须经历过"眼睛看到的东西，因为自己身体的移动而出现变化"（比方说，"近的东西看起来比较大，远的东西看起来比较小"这种"视野"的变化）这个过程，才能够真正地"看得见"。

不久之前，女儿的眼睛会追着移动的东西看，这只是视线的反射动作，这种反射只使用了视觉。但是，像这次这种想"伸手"触摸看到的东西，则表示女儿已经理解了"能用自己的手去拿看到的东西"这件事。更直接地说，她的大脑开始注意到"这个世界是三维的"，也就是说她已经了解这个世界真正的模样。

这一变化的重大意义，远远超乎我们这些大人的想象。这是因为，眼睛的视网膜（投射光线的眼底荧幕）是二维的，也就是说，传送到大脑的信息，全是二维的视觉信息，但女儿发现了这些二维信息都是由三维信息压缩而成的，知道不能就这样囫囵吞枣地接收了。于是，她慢慢会从二维信息中解读出

---

1 在第二个月，就算"看得到玩具"（视觉）或"听得到声音"（听觉），也不知道是"眼前看到的玩具在发出声音"（视觉＋听觉）。

2 Fuster J M, Bodner M, Kroger J K. Cross-modal and cross-temporal association in neurons of frontal cortex. Nature, 405: 347-351, 2000.

"原本的三维世界"，并在大脑内加以复原[1]。

从经验中学习"看得见的能力"的过程中，视野中有一个"基准点"（不动点）。那是什么呢？那就是自己的"鼻子"。不管婴儿的脖子如何转动，他们都可以看到鼻子在眼睛前方。婴儿将自己的鼻子当作绝对的空间坐标的原点，以此作为参考，理解如何观看眼前正在移动的世界。

活动自己的手，把手移动到自己看得到的位置，或是将手指拿近自己的脸并加以触摸，都是这个训练的一环。就这样，当脸部肌肤出现触觉之后，身体运动和触觉等各式各样的感觉，就会开始和视觉联动。婴儿通过使用自己身体的经验，慢慢了解光线所传达的"视觉"的意义，亦即"世界"真正的模样。

○ 不敢相信自己竟会这个样子！

我在家的时候，会帮女儿换尿布、洗澡，这一点从女儿出生到现在都没有变。要帮女儿换尿布时，她就会绽放笑容。不过，她似乎很不喜欢洗完后的清洁鼻子和耳朵的环节。每次洗完澡后，她脸上都会出现一种微妙的表情，仿佛有不好的

---

1 比方说，映照在视网膜的上下信息，有可能在物理空间中确实呈现上下关系，也可能是远近关系，因为远的东西常常会映照在视野的上方。如果无法像这样正确逆推信息，复原出原本的三维世界，那么人就无法"看到"。关于"看到"的运作机制，请参阅第 251 页的详细说明。

预感。

这意味着她开始形成"程序记忆"（Procedural Memory）了，即关于顺序和规则的记忆。她将从浴室来到客厅之后就要清洁耳鼻的"顺序"，和场所、时间相互关联，很自然地就记住了。此外，能够获取"爸爸妈妈出现某种表情时，就是自己被夸奖（或是责备）的前兆"这类信息，也是一种对顺序和规则的预测。

回到刚刚的话题，在女儿开始进入"跨模态整合"阶段后，我曾做过一件很丢脸的事。

孩子出生前，看到用"婴儿语"跟孩子说话的那些爸爸，我曾跟妻子说："真不敢相信，他们竟然发出这么嗲的声音！我绝对不会这样！"但是，当我看到妻子给我和女儿拍的影片时，我发现自己用比平常高了八度的声音对女儿说："好可爱啊！""你会××了呀！"（笑）。为了教女儿正确说话，我一直提醒自己要避免用跟婴儿一样的发音方式，但人的下意识行为真的太可怕了。

在此，为了替我自己辩解，我要补充一段说明。大人跟婴儿说话时，音调会提高是很自然的事。不管男女老少都会提高音调对婴幼儿说话，这种倾向称为"妈妈语"（Motherese），是全球性的普遍现象。因为用高音调说话，婴幼儿会比较容易出现反应[1]。这样看来，我真的很容易被女儿牵着鼻子走（笑）。

对了，前几天，我在电梯中碰到住在隔壁的父女。那位父亲一边说"好可爱呀"，一边逗我女儿。看到父亲的举动，站在一旁的十岁女儿说"爸爸好恶心哦"，这大概是她第一次看到自己的爸爸做这种事吧（笑）。

· 育儿闲话 ·

女儿经常看着家中的红色金鱼摆饰。常听人家说，婴儿喜欢红色的东西，但最近又有论文提到，某个特定阶段的婴儿喜欢金色[2]。

人最喜欢的果然还是钱……

---

1 Fernald A. Four-month-old infants prefer to listen to motherese. Infant Behav Dev, 8: 181-195,1985. 所谓 Motherese，指的就是"妈妈语"。

2 Yang J, Kanazawa S, Yamaguchi M K. Can Infants Tell the Difference between Gold and Yellow? PLoS One, 8: e67535, 2013.

4个月 什么东西都要放进嘴里

○ 玩挠痒游戏，确认孩子的发育状况

女儿长出了第一颗牙齿，是下前牙。另外，她睡觉时也开始会翻身了。不久之前，她学会从趴睡翻身换成仰睡，但还不会从仰睡翻身换成趴睡。

第一次看到女儿睡觉时翻身，我真的非常开心。但相对地，我也有了新烦恼，担心她睡觉时会从床上掉下来。还没学会在睡觉时翻身的女儿，似乎很满意她那窄小的床铺，然而学会翻身之后，她仿佛马上有了"想扩大活动范围"的欲望。我把她从床上放到地板上时，她就像是被解放一般，开心地到处翻滚，这让我的视线更无法离开她。

我从以前开始就经常和女儿玩挠痒游戏，但这个时期，她似乎变得不喜欢我在她腹部周围挠痒。我帮女儿挠痒，不单是

在跟她玩，也是在确认她大脑和身体的发育状况 [1]。

婴儿刚出生时，他们并不知道自己身体是什么样的。在婴儿的腹部挠痒，婴儿就扭动腹部的话，就证明了婴儿正在了解自己的腹部位于全身的哪个位置。但是，脚被挠痒时，婴儿还不懂得要把脚缩回去。被挠痒那种痒痒的感觉，婴儿似乎会知道不太舒服，但为什么会痒痒，以及这种感觉是从身体哪个部位产生的，婴儿还都不知道。话虽如此，不过女儿最近经常摸她自己的脚，我想她应该很快就会认识自己的脚。到那时候，她再被挠痒时，也会把脚缩回去了吧 [2]。

认识身体，就是认识自己"身体的轮廓"。这是区别自己和其他东西，亦即了解自己和他人界限的第一步。像这样，婴儿会一边区别自我和他人，一边确认"自己"的存在。

除了自己和他人的区别，女儿也开始可以辨别她看到的东西。她似乎已经知道在她眼前的是杯子还是奶瓶。如果是奶瓶，她就会笑，看到杯子时，则没有什么特别的反应。

---

1 Ishiyama S, Brecht, M. Neural correlates of ticklishness in the rat somatosensory cortex. Science, 354: 757-760, 2016.

2 我们之所以可以"在摸到的瞬间，感受到摸到的触觉，乃是大脑根据经验回溯修正，让我们有这样的认知。在身体感受到的触觉传到大脑之前，神经纤维便传达了这个信息，所以会产生传导的时间迟延（Time Lag），而大脑则修正这个时间迟延。当身体变大，时间差也会跟着增加，所以在成长的同时，大脑也会很自然地进行时间的修正。虽然本人很难察觉，但事实上，发育中的大脑正在执行复杂的信息处理作业。

现在，她什么东西都会放进嘴里吃吃看[1]。前几天，她还想把远比自己的脸还大的布偶放进嘴里（笑）。虽然这会偶尔让她拉肚子，但我认为有必要让她的免疫系统在一定程度上对细菌和病毒产生抵抗力，所以我会尽量让自己在这件事上不要过于"神经质"。

昨天，在浴室里，女儿把脸泡入浴缸的水里，喝了几口。看到女儿的行为，我心想："咦，连洗澡水也要喝喝看吗？"但洗澡水的味道对她来说似乎还是差了些，她也就喝过那么一次（笑）。

○ **要更加感谢孩子！**

前几天，我第一次带女儿回老家。当时，女儿虽然还没到会认生的时期，但相隔许久再次看到我的父母，她有点儿被吓到的感觉。她应该已经知道了他们是"和爸爸妈妈不一样的人"[2]。

1　女儿会舔自己的拳头或手指，证明她已经把注意力转移到自己以外的东西。这个时期的婴儿，"自我一体感"的对象会拓展到"自己"和"父母"以外的东西，也会开始对娃娃和布偶感兴趣。这种现象称为"过渡性现象"（Transitional Phenomena），是从父母身边独立的第一步。

2　孩子从 2 个月大开始，就会发现"母亲就是母亲"这种不变的"同一性"（Identity），而且知道父亲和母亲是不同的人。4 个月大时，他们开始可以理解真实的脸和照片上的脸不一样。而在一岁半左右，则知道照片和镜子中的自己都是自己。

在老家和我一起玩的时候，女儿会很开心地发出尖叫声。看到这景象，我母亲说了一句"好像是女儿在陪爸爸玩"，的确如此（汗）。大家都说"养儿方知父母恩"，即人有了孩子之后，会体会父母的辛劳。但是在我看来，这其实应该反过来，因为我知道孩子是可以让父母感受到极大幸福的礼物。"小时候，我应该也带给妈妈很多快乐吧，妈妈应该谢谢我（笑）。"当然，这只是亲子间的幼稚对话。可以像这样跨时代沟通的父母至今依然身强体健，是我的另一种幸福。

即便如此，女儿的每一个动作都还是牵动着我的一喜一忧。前几天，我播放古典音乐时，女儿马上安静下来，这时我突然发现自己心里正在想"她将来可能是个音乐家"，于是我嘲笑自己："你怎么也在想这个？"但想必为人父母，这是很难避免的事情（笑）。

· 育儿闲话 ·

我特意让女儿开始上托儿所，一周三次。老实说，我不知道早一点儿让小孩上托儿所是否是对的，但我想让她知道"我们的家并不是全世界"，我希望女儿除了父母的价值观之外，也可以接触各种不同人的价值观。

脑科学小专栏 01

怀孕是"珍奇事件"

怀孕是很不可思议的现象。粗略来看，半数以上的成年女性一生中会怀孕一次。从这个角度来说，怀孕绝对不是什么罕见的行为。但是，从生物学角度来说，怀孕确实是奇妙的现象。

哺乳动物用子宫和胎盘培育胎儿，这在地球上是非常罕见的行为[1]。鳄鱼、麻雀、青蛙、鲑鱼、螳螂等绝大部分动物，用产卵的形式繁育后代。

一听到卵这个字，或许大家脑海中会浮现出非常熟悉的食材——鸡蛋。很多人可能觉得卵都像鸡蛋一样有硬壳，但其实鸡蛋是一种例外情况。绝大多数的卵被羊膜或浆膜等胚膜包裹着，且非常柔软。因为绝大多数卵没有可以抵抗干燥的硬壳，

1　袋鼠或树袋熊等有袋类例外，它们没有胎盘或肚脐。

所以动物产卵的地方主要都在水中或地下等潮湿环境中。

鸭嘴兽等"卵生哺乳动物"的卵也没有硬壳，所以它们会在河边孵卵。卵生哺乳动物被认为是最原始的哺乳动物。最早的哺乳动物，也像鸭嘴兽一样会产卵。但是，约在一亿两千五百万年前，哺乳动物的祖先发生了变化，它们不再在体外孵化卵，而是让胎儿在母体内充分发育后才将胎儿排出体外，即采用了"怀孕—分娩"的方式。

怀孕这种方法有两大好处，一是可以对抗干燥的环境（这一点和某些卵的硬壳一样），二是胎儿可以通过胎盘持续获取营养。卵生的情况下，胎儿只能靠卵中所包含的营养，成长到能够孵化的阶段（所以蛋黄才会那么大）。也就是说，产卵会从母体一口气夺走大量的营养。怀孕的形式则不同，母体不会被瞬间夺走大量营养，可以通过胎盘慢慢地为胎儿提供营养。像大象这种大型动物，怀孕期甚至将近两年。换言之，相较于产卵，怀孕对母体造成的负担较小，可以维持母体的健康。

话虽如此，生孩子并不是一件容易的事情。母亲会耗费所有能量维持胎儿的发育，也会开始为将来的生产和育儿做准备，特别是性激素的分泌量，更是会激烈变化[1]。孕妇的孕激素（gestagen）会比一般月经期间的最高量高出 10 倍以上。至于雌激素，孕妇仅在怀孕期间的分泌量，就相当于没有怀孕经历

---

1 Casey M L, MacDonald P C, Sargent I L, Starkey P M. Placental endocrinology. The Human Placenta (ed. Redman C W G) 237-272 (Blackwell Scientific, Oxford, 1993).

的女性一生的分泌量。

人体进入怀孕这种"紧急状态",当然也会对大脑造成影响。西班牙巴塞罗那自治大学的霍克泽马(Hoekzema)博士等人,曾对初次怀孕的女性的大脑中发生的变化做了调查研究。结果显示,怀孕之后,大脑皮质的灰质(Grey Matter)体积大量减少[1]。这意味着,脑神经细胞的突触被修剪,脑神经回路得以有效率地运作。这种情况下,孕妇的灰质显著减少的部分,是负责"理解他人的'心思'"的皮质区。实际上,孕妇的灰质体积减小的量越多,其产后对婴儿的爱就越强烈。

霍克泽马博士为了调查这种脑神经回路的变化会持续多久,在孕妇分娩两年后,再次对她们的大脑做了检测。结果显示,孕妇的大脑依旧维持变化后的模样。也就是说,在这个时间点,仅凭观察大脑就能知道女性是否有过生育经历。虽然该实验没有更进一步追踪这种变化会持续到什么时候,但可以确定的是,这种令人难以置信的大规模脑神经回路的重组现象,会长期存在于有过生育经历的女性的大脑中。怀孕、分娩这一连串现象,并不能简单地将其为抽象为"生命的奥秘",而是非常了不起的"珍奇事件"。

---

1 Hoekzema E, Barba-Muller E, Pozzobon C, Picado M, Lucco F, Garcia-Garcia D, Soliva JC, Tobena A, Desco M, Crone E A, Ballesteros A, Carmona S, Vilarroya O. Pregnancy leads to long-lasting changes in human brain structure. Nat Neurosci, 20: 287-296, 2017.

○ 父亲也会分泌催产素?

男性的大脑并不会像女性那样出现剧烈的变化。男性如果不换尿布或抱小孩,催产素(见第 12 页)就不会分泌,这样看来,男性的身体真让人感到悲哀。但是,必须一提的是,父亲参与到养育子女的过程中后,男性的大脑也很自然地就会分泌催产素。说养育小孩是开心的事,这也是因为开始养育子女之后,男性就会分泌催产素。也就是说,对男性来说,育儿和催产素的关系类似于"是鸡生蛋还是蛋生鸡"。

实际上,通过催产素浓度的相关检测可知,父亲越经常参与带小孩,其催产素浓度的上升就会越明显,最后甚至可以达到和母亲一样的水平[1]。母亲的催产素浓度在生下孩子的瞬间就很高了,父亲的催产素浓度则要经过育儿过程,才能慢慢地追上。

○ 跟恋爱一样? 这就是育儿!

朋友生了个女儿,他说:"我女儿真的好可爱啊,这种感觉就像恋爱一样。"我觉得这说法实在很有趣,为什么? 因为

---

1 Abraham E, Hendler T, Shapira-Lichter I, Kanat-Maymon Y, Zagoory-Sharon O, Feldman R. Father's brain is sensitive to childcare experiences. Proc Natl Acad Sci USA, 111: 9792-9797, 2014.

顺序颠倒了。

观察人恋爱时的大脑活动，可以发现这和父母关爱孩子时的大脑状况一模一样[1]。所以"对孩子的感觉像恋爱一样"这种说法，从某种意义上来说是正确的，但如果从进化的角度来看，这种关系其实是反的。比方说，要说老鼠有没有恋爱情感，恐怕是没有（虽然有点儿难以严谨断定……），老鼠有的是对幼崽的爱，这时，它们会和人类一样分泌催产素。但将其套在人类身上就会出现某种"错误"，因为人类也会对孩子以外的特定对象分泌催产素。对小孩的爱像恋爱这种说法，实际上搞错了催产素的对象，可以说是一种目标失误。

换句话说，正确的说法应该是"恋爱的感觉，像自己对孩子的爱一样"。但是，因为人类在经验上，是先谈恋爱才有孩子，所以才会说养育孩子的感觉，就像是在谈恋爱。

不管是恋爱还是育儿，只要是为了对方，都会让人不辞劳苦，两者都会让人"想全心全意地为对方奉献"，也会让人感受到本能层面上的生存意义。而且，不管是有意识的还是无意识的，"繁衍后代"这个终极目的也是两者的相通之处。所以，从大脑进化的角度来看，恋爱或许是一种程序上的"错误"，但这个"错误"也不是全然无用的。

1　Aron A, Fisher H, Mashek D J, Strong G, Li H, Brown L L. Reward, motivation, and emotion systems associated with early-stage intense romantic love. J Neurophysiol, 94: 327-337, 2005.

○ 从怀孕时就出现了排他性的界线

催产素也有让人意外的作用，那就是对他人的"排他性"[1]。当人分泌催产素后，会对原本就关系很好的人产生更强烈的信赖关系，对其他人则会更加疏远，甚至偶尔还会有攻击行为。也就是说，催产素会导致"亲密 vs 疏远"的鲜明对比。正在养育幼崽的动物警戒心很强，会攻击接近的动物，这就是催产素的作用。对母亲而言，自己的孩子是最重要的，任何可能具有危险性的东西都会被当作"敌人"，并加以排除。我们能发现，在人类的恋爱中，这种情况也并不少见。

有些母亲在孩子出生之后，对待其他家人就会变得非常严厉，这也是催产素的作用。如果父亲无法进入"亲密对象"的范围，就会变成被攻击的对象。任何人一旦被母亲放在界线之外，之后就很难进入界线内了。万一真的不幸被留在界线外，就只能耐心等待母亲的催产素作用衰退了。

换言之，"育儿"要从孩子出生前就开始。如果没有办法进入母亲用催产素打造的"同伴圈"，父亲的育儿工作就会变得困难重重。所以，父亲不要想着等孩子出生之后再努力，而是在孩子出生之前，就要事先做好准备，以便通过来自妻子的"催产素审判"。

---

1 Campbell A. Attachment, aggression and affiliation: the role of oxytocin in female social behavior. Biol Psychol, 77: 1-10, 2008.

不过，我们必须知道，对部分父亲来说可能是烦恼根源的催产素作用，从进化的角度看，其实是为了进一步保护孩子而被培育出的东西。以野生动物来说，当同伴以外的动物靠近时，动物母亲当然会加以拒绝，因为它们有可能会危害甚至吃掉自己的幼崽。除此之外，这种拒绝也可以保护幼崽不受病原菌感染。母亲不希望外人触摸自己的孩子，也是出于防卫本能中的自然恐惧感。

5 个月　真的是 3 岁看老?

○　爸爸没有借口了

　　女儿逐渐开始吃辅食了，南瓜和地瓜是她的最爱。她不太喜好苹果，或许是因为苹果带了点儿酸味。

　　女儿会出现各种不同的笑容，这是最近的变化之一。3 个月大的婴儿会笑，并不是因为开心，而是单纯的反射。不过，在这个时期（5 个月），女儿一听到"要不要抱抱"就会笑，看到奶瓶也会微微一笑，她笑的场景在逐渐增加。据说孩子的笑容种类，会和接触周遭大人的时间呈等比增加，也就是说，人际关系的丰富程度和笑容的多样性成正比。

　　不久前，我研究室的学生带着记录了某个实验结果的学术论文来找我，他说："老师，你已经没有借口了。"这个实验的内容是比较男女两性在通过婴儿的哭声辨别他是想喝奶、想换尿布还是想睡觉的能力上是否有所差异。大家都说"妈妈知道孩子的哭声所代表的意思"，那爸爸呢？

实验结果显示"男女的辨别能力差不多"，但并不是所有的父亲都能够做到这一点。只有参与育儿活动，花足够的时间和孩子相处的父亲，才具有和母亲相当的能力[1]。

说来有点儿不甘心，我家现在是妻子比较快察觉到女儿需要什么。或许正因如此，女儿看到我和看到妈妈的时候，笑容有些不一样……我不能输！我非得增加和女儿相处的时间不可。

○ 昨天的大脑和今天不一样

"3岁看老"这句俗话，站在脑科学的立场来看，在某种意义上是正确的。大脑的神经细胞数量，在婴儿呱呱坠地的那一刹那最多，之后只会慢慢减少。在3岁前，人脑大约有70%的神经细胞会死亡[2]，留下30%的神经细胞。这30%的细胞之后不会再有变化，身体健康的话，即使活到100岁，也可以保持这30%的神经细胞。换句话说，人的一生都会使用3岁前留下的神经细胞（见图1）。

1　这个能力的源头就是催产素。详情请参阅第12页及第33页。（参考文献：Abraham E, Hendler T, Shapira-Lichter I, Kanat-Maymon Y, Zagoory-Sharon O, Feldman R. Father's brain is sensitive to childcare experiences. Proc Natl Acad Sci USA, 111: 9792-9797, 2014. ）

2　有一种说法认为"脑神经细胞会随着年龄的增长而减少"，但这是错的，这种减少的情况至多只会持续到3岁。（参考文献：Klekamp J, Riedel A, Harper C, Kretschmann H J. Quantitative changes during the postnatal maturation of the human visual cortex. J Neurol Sci, 103: 136-143, 1991. ）

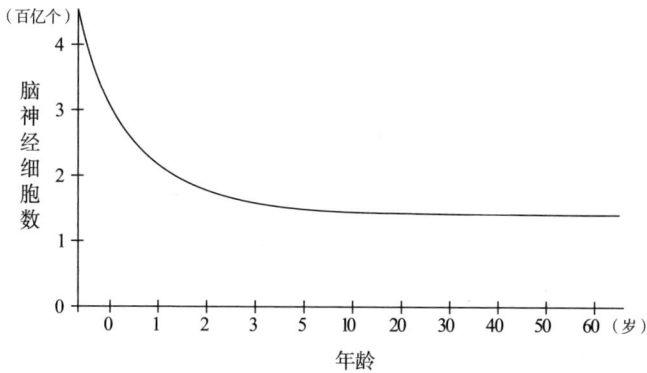

（百亿个）

脑神经细胞数

0 1 2 3 5 10 20 30 40 50 60（岁）

年龄

图 1　脑神经细胞数随年龄的变化而变化

根据 Journal of the Neurological Sciences, 103: 136-143, 1991. 制作

　　婴儿不知道自己会诞生在什么样的世界，一直到离开产道之前，婴儿的大脑都无法得知他们会生活在什么样的环境里。也就是说，他们不知道需要什么样的神经细胞，才能适应出生时的环境。或许就因为如此，他们带着过多的神经细胞诞生在这个世界[1]。然后，在 3 岁之前，婴儿的大脑开始打造神经回路的基础，这时大脑就会舍弃那些不需要的神经细胞。不管婴儿是出生在美国还是印度，人脑都能灵活地应对这些环境，原因就在于人脑的这种成长机制[2]。

---

[1]　这里的"减少"指的只是神经细胞的"数量"，而非神经细胞的"能力"。这并不意味着要让孩子在 3 岁之前必须经历所有的事情。即便是之前未能习得的事情，在必要的时候，剩下的神经细胞也能进行学习。不过，母语和绝对音感等能力，在长大之后是很难弥补的。

[2]　这和免疫系统有点儿类似。为了应对未知的病原体，免疫系统会准备过多的免疫细胞，但实际使用到的免疫细胞只有极少的一部分。

女儿现在 5 个月大了，她的大脑应该每天都会以相当惊人的速度丢弃神经细胞。简单估算的话，女儿每天会减少超过 5000 万个脑神经细胞。也就是说，她昨天的大脑和今天的大脑截然不同。一想到这一点，我就会觉得"每天都要珍惜跟她相处的时间"。

到女儿 3 岁还有两年半的时间，大脑神经回路的初级基础已经完成 1/6 了。我希望自己能够好好珍惜和她每一天的沟通 [1]。

·育儿闲话·

我用女儿的照片制作了夏季的问候明信片（笑）。

虽然我知道印有孩子照片的问候明信卡会让人感觉很亲切，而且也能告诉亲友自己孩子最新的成长状况，也让我很开心，但说到底，这种行为似乎也只是"父母觉得自己的孩子怎么都好"的一厢情愿罢了 [2]。

1　上小学之前，经常和父母相处且受到仔细照顾、养育的幼儿，其海马体的回路比没有经历这些过程的幼儿要发达两倍，进入青春期后，也比较善于控制自己的情感。（参考文献：Lubya J L, Beldena A, Harmsa M P, Tillmana R, Barcha D M, Preschool is a sensitive period for the influence of maternal support on the trajectory of hippocampal development. Proc Natl Acad Sci USA, 113: 5742-5747, 2016.）

2　也有人说，寄送印有自己孩子照片的明信片是不够体贴他人的表现，因为有些人虽然想结婚却依然单身，有些夫妇正在治疗不孕，也有些家庭有流产或孩子发生不幸的过往。也有人说不知该如何处理照片明信片。不过，我从没有小孩的时候，就不太喜欢这种"对宝宝照片'一刀切'式的不宽容"。因为，如果要以顾虑他人的多样性状况为依据来否定照片明信片的话，那么照片明信片本身也是这种多样性的一种。

6 个月　婴儿的时间感

○　婴儿活在当下的瞬间

　　我出差时给女儿买了布偶，但我发现女儿喜欢的不是布偶本身，而是缝在布偶上的价格标签（笑）。现在，女儿最喜欢的是一个瓢虫布偶。有的时候，我会把这个布偶放在正在哭的女儿身边，一看到瓢虫，女儿就笑了。大人很难在哭泣之后马上露出笑容，但婴儿能在一瞬间破涕为笑，马上改变心情，可以说，婴儿总是活在当下这个瞬间。

　　我出差回来之后，发现女儿有两个很大的变化。

　　其一，当我或妻子走出房间，不见身影时，她马上就会哭[1]，这正是女儿获得"时间"这个概念的证据。她已经可以进行

1　婴儿的哭声对四周的大人来说，是非常不舒服的。因为哭声就是对父母的"胁迫"（如果是悦耳的哭声，就无法达到目的）。一般来说，猴子等其他哺乳类动物的幼儿并不会发出哭声，因为这样会被敌人发现，带来危险。相反的，人类的孩子之所以会经常哭泣，就证明他们一直生活在很少有敌人的安全环境中。

"刚刚还在的父母现在不在了"这种时间比较，如果一开始就不在，她应该不会这样敏感地哭泣。

其二，上个月，女儿学会伸手触摸眼睛看到的玩具，这是她获得"空间"这个概念的证据。这个月，她开始认识"时间"。开始认识空间和时间，意味着女儿的大脑终于要进入物理学的世界了。

○ 从"遮脸躲猫猫"中，看到孩子的成长

婴儿在出生后的一段时间内，没有"时间"的概念。的确，不管是6个月以前还是以后的婴儿，只要一玩"遮脸躲猫猫"（Peek-a-boo）的游戏都会很开心。不过，这两个时期的婴儿开心的理由并不一样。

6个月以前的婴儿，只要对方用双手把脸遮起来，他们就会觉得对方真的不见了。更具体地说，对还没有时间概念的婴儿来说，"看不见"就意味着"不存在"，他们也会因为对方把手拿开、面孔突然出现而感到惊喜。

但是，出生6个月之后，他们知道虽然自己看不见，但对方的脸就藏在手掌下面。他们已经能够以时间的流动为前提，推测刚刚还看得到的脸藏在手掌下面。对方用手遮住脸时，婴儿还是持续看着对方的双手，并一直很有兴趣，由此就可以得知婴儿已经在推测脸藏在手掌下面。等对方把手移开之后，他

们会非常开心地想："哇，果然在这里！"

刚刚提到的我女儿的例子也是一样。虽然看不到刚刚还在旁边的爸妈，但她知道，爸妈并非消失了，而是去了隔壁房间。所以，这个月女儿哭声中所包含的信息，不再只是"一个人好孤单"，还包括"快点儿回来"。

另一个变化是，她开始经常模仿了[1]。当我在女儿面前敲打玩具发出声音让她看时，她也一样会用手敲打玩具。模仿行为对于大脑理解"外面的世界"非常重要[2]。

学说话也是从模仿开始。我妻子唱歌时，女儿虽然不知道妻子在唱什么，但也会不知不觉模仿妻子的声音。一般的观念认为，女孩学说话比较早，但只要父母认真和孩子说话，孩子的语言成长程度是没有性别差异的[3]。

说到跟婴儿讲话这件事，我想起了一段历史，那是 13 世纪神圣罗马帝国的腓特烈二世做的实验。他收养了没有家人、

1　3 个月内的婴儿不会模仿。虽然大家都说"婴儿出生之后马上就会开始模仿"，但最近证实，这是因为实验设计的条件而产生的误解（或者说是希望性的推测）。（参考文献：Oostenbroek J, Suddendorf T, Nielsen M,Redshaw J, Kennedy-Costantini S, Davis J, Clark S, Slaughter V. Comprehensive Longitudinal Study Challenges the Existence of Neonatal Imitation in Humans. Curr Biol, 26: 1334-1338, 2016.）

2　模仿也是有阶段的。比方说，先是模仿"用手敲打玩具"，再来是模仿"用鼓槌等工具敲打玩具"，最终则是模仿"演奏"，如此慢慢变化。如果觉得自己的小孩迟迟没有开始模仿，或是不想模仿，也有可能是因为大人让他模仿超过他当时能力的事。

3　Hyde J S, Linn M C. Gender differences in verbal ability: A meta-analysis. Psychol Bull, 04: 53-69, 1988.

失去依靠的婴儿，然后交给女仆养育。他的兴趣是"语言的起源"——如果一个人不学习语言，那他会讲话吗？

按照腓特烈二世的实验要求，女仆虽然可以给婴儿喂奶、换尿布、洗澡，提供最低限度的照顾，但不能跟婴儿说话。实验的结果非常出人意料，在两岁之前，也就是说，还没有真正学会讲话之前，所有婴儿都去世了。腓特烈二世这个残忍的实验多少带有一些传说色彩，因为我们不知道在13世纪，这个实验可以在多么严谨的条件控制下进行，婴儿死亡也有可能只是因为照顾不周。而在那之后，第二次世界大战时，研究者做了一个更有可信度的调查[1]。

因为战争，许多孩子成了孤儿，精神科医生勒内·斯皮茨（Rene Spitz）对孤儿院的孩子做了调查。当时大家已经知道营养和卫生对孩子的健康非常重要，所以即使在孤儿院，也有足够的食物和干净的环境，唯一欠缺的是沟通。孤儿院聚集了许多小孩，照顾的人手不足，没有余力跟每一个婴幼儿好好沟通。调查结果显示，91人当中，有34人不到2岁就去世了[2]。

仅仅确保营养和卫生并不够，如果没有沟通和身体接触，人似乎就不会成长。相对地，观察被分开饲养的动物则可以发

---

1 Spitz R A. Hospitalism: an inquiry into the genesis of psychiatric conditons in early childhood. The Psychoanalytic study of the child, 1: 53-74, 1945.

2 实验也对活下来的孤儿加以追踪，后期的追踪调查发现，他们长大后经常出现成长障碍或精神症状。

现，动物只要得到足够的营养和良好的卫生环境，在成长过程中就不会死亡。人脑则不同，人脑具有需求关系的强烈本能，这种需求如同食欲一般，是一种强烈的本能。与他人沟通，是人在本能上的需求。根本不用举出"在荒野中被动物养大的孩子无法融入人类社会"这种极端例子来说明沟通在养育中的重要性，人之所以可以成为一个"人"，就是因为他被当作"人"来养育。

所以，我还是一样会充满爱意地跟女儿说："我来帮你换尿布哦！"虽然在外人眼里，这根本就是在自言自语（笑）。

·育儿闲话·

女儿非常喜欢她妈妈在儿童馆做的纸制蓝色骰子，似乎胜过我买的木制玩具。我真不知道女儿心里在想些什么（笑）。

7个月　从不舒服转变为舒服

○ 婴儿果然喜欢音乐

　　女儿已经可以两手分别拿着不同的玩具。她用两只手分别拿着陶制的红色和黑色金鱼玩具，"叩叩叩"地往墙上敲，似乎觉得自己因为做了某个动作而发出声音这件事非常有趣。我怕她弄破玩具被割伤，于是把她带离墙壁，这回她改为拿玩具敲我的脸，不过这个动作并没有发出声音。她仿佛知道越是用力捶打，发出的声音就越大，所以她敲我脸的力气也越来越大。因为她敲得太过卖力，我觉得自己的鼻子都快骨折了（笑）。

　　女儿也懂得区分不同的歌曲了。或许是因为从她刚出生起，我们就每天都唱《森林里的小熊》给她听，每次唱这首歌时，她都会露出笑容，而听其他歌曲时，她就没有笑得这么明显。

　　音乐的三大要素是节奏、旋律、和声。其中，人类最先学会的就是节奏。婴儿出生后大约半年，就能够学会节奏[1]，女儿现在刚好处于这个时期，一听到音乐，她的两只手就会开始挥动。

顺带一提，她还无法像打击乐演奏者那样左右手分别活动。这是因为婴儿大脑的两个半球的功能尚未完全分开，所以多会做出左右对称的动作，就像一个笨拙的机器人那样。这是婴儿在这一时期特有的动作，也是婴儿的可爱之处。

○ 尿尿时心情会变好，就是长大了？！

婴儿会通过哭声表达不同的信息。比方说，女儿尿尿的时候会哭，但这绝不是哭着要求"帮我换尿布"，仔细观察就可以知道，她是在尿尿之前或正在尿的时候哭，而不是尿尿之后。

睡觉之前也可以看到类似的状况。当婴儿觉得很困、迷迷糊糊时，就会马上哭，并不是睡了之后才开始哭。

事实上，尿意和睡意对婴儿来说是很不舒服的感觉，这种感觉大人很难理解。对大人而言，尿尿之后会觉得非常轻松、舒服，想睡觉时那种迷蒙的状态也是舒适睡眠的预兆，感觉很舒服。

1 Phillips-Silver J, Trainor L J. Feeling the best: movement influences infant rhythm perception. Science, 308: 1430, 2005.

若我们重新思考，就会知道"睡意袭来"是一种搞不清楚到底是睡还是醒的不稳定状态。只是大人通过以往的经验知道，这种朦胧的感觉之后就是安稳的一觉，所以我们会事先将"睡意袭来"的状态解释为"舒服"，感觉很舒畅。想尿尿时也一样，尿意之后，就是得到解放的感觉。也就是说，对婴儿来说不舒服的状态，对大人而言却是很舒畅的。

　　换个话题，有人喜欢吃辣，辣的产生过程是这样的：来自舌头的刺激通过神经传送到大脑，然后人就会感觉"好辣"。实际上，辣不是一种味觉，而是一种痛觉，即舌头的疼痛感。当舌头的这一信息传到大脑时，不知为何变成了"辣"，而不是"痛"。

　　有趣的是，感觉到"辣"的时候，大脑同时也会发出"不要觉得辣"这个命令。这是大脑非常不可思议的地方，它同时踩下了"油门"和"刹车"。

　　这种用来"相信这不是辣"的神经系统，是内啡肽（Endorphin）和多巴胺（Dopamine）这些与快感有关的物质。也就是说，有的人之所以会喜欢很辣的东西，是因为这些人的大脑在"油门"和"刹车"的平衡上倾向"刹车"，相较于"辣（痛）"，他们更容易感觉到"不辣"，换言之就是更容易强烈地感受到快感。或许"辣"与尿意和睡意一样，都是因为经验而让快乐变得更强烈。

　　顺带一提，喜欢喝苦苦的咖啡和啤酒，不工作就不舒服的

"工作上瘾"，长跑后所产生的"跑者兴奋"（Runner's High），这些同样是由人脑的"快感"逆转机制所产生的癖好。

·育儿闲话·

妻子自己想买东西时，用来说服我的借口变多了，比如"将来可以和女儿一起用"。只要她一提到女儿，我就毫无招架之力（笑）。

8个月　爬啊爬，世界不断扩大

○ 兴趣随着成长而变得广泛

　　某天早上，不知为何我有了一种预感，我备好了相机，正要拍摄时，女儿就开始爬了。那天她爬得很慢，但过了两三天后，她爬行的速度就变快了。现在，女儿总会跟着我，甚至会爬着跟到厕所里，真是伤脑筋（笑）。从几天前开始，她已经可以扶着东西站起来了。

　　随着这些行为的出现，女儿自身也出现了一些改变。会爬之前，她只对眼前的东西有兴趣，学会爬行之后，她马上开始对远方的东西感兴趣了。之前，她虽然可以看到远方的东西，但并不是那么感兴趣。开始爬行之后，她爬向远处物品的次数增加了。

　　人类原本就对自己的手"碰得到"或"碰不到"这件事很敏感。比方说，我们只用眼睛看，就可以瞬间判断自己的手是否可以碰到桌上的东西，但如果把双手捆起来，人的判断力就会惊人地下降。也就是说，手可以自由移动时，人可以知道自己的手能触及的范围，但当双手失去自由、无法活动时，人目测的精准度就会骤然下降。换句话说，能否自由活动，会对人的心理造成影响。

"婴儿从除了翻身之外没有其他移动方法转变为可以爬行"的过程，与上述情况非常类似。婴儿学会移动方法之后，自己可以活动的领域瞬间扩大了，进而兴趣的范围也扩大了。这一转换的速度之快，着实令人惊讶。

○ 先叫"爸爸"还是"妈妈"？这是个大问题

关于身体领域的拓展，有一项研究曾对"使用耙子的猴子的大脑情况"进行了调查[1]。研究显示，猴子的指尖碰到东西，猴子的大脑中会有神经细胞出现反应。当猴子手上拿着耙子时，之前在猴子大脑中出现的神经细胞的反应，就会变为在耙子末端碰到东西时出现。也就是说，工具会成为自己"身体的一部分"，呈现"一体化"的状态。

女儿最近开始玩"用槌子敲打就会发出声音"的玩具。我想这种情况下，槌子可能变成了她的手，形成了"身体扩展"

---

1 Iriki A, Tanaka M, Iwamura Y. Coding of modified body schema during tool use by macaque postcentral neurones. Neuroreport, 7: 2325-2330, 1996.

的情况。

这和她开始可以通过爬行自由活动有关。之前，女儿只会玩自己附近的玩具，会爬行之后，她会爬到玩具箱，拿出自己喜欢的玩具来玩。这可以解释为，她的"身体感觉"已经渗透进周围的"世界"中了。

女儿可以自己到处活动之后，她和我们家的小狗"球球"之间的关系也发生了变化。过去，只有球球来到女儿身边时，他们才会有互动。现在，女儿会主动接近球球，创造接触的机会。不过，球球不想玩时，若女儿搞不清楚状况跑过去找它，球球就会冲她叫（笑）。

女儿已经快到可以快速吸收耳朵听到的语言的时期了[1]。女儿能够说出的"话"不断增加，她开始能发出各种不同的音。之前她只能发出"a""o"等元音，但这几天的发音中已经开始穿插了几个辅音。

女儿已经可以慢慢模仿我的发音，所以只要我不断地说"爸爸、爸爸、爸爸……"，她也会跟着说"BaBa"。看到这幅景象，妻子说："也要教她说'妈妈'！"于是，妻子接着不断地对女儿说"妈妈、妈妈、妈妈……"。女儿确实是在模仿我

1　这个时期，需要着重对婴儿说的不再是那种"婴儿语言"，而是正确的语言。有的孩子舌头还不是很灵活，会出现口齿不清的情况，例如说出"漂酿"（漂亮）、"喝嘴"（喝水），这也是很正常的事，但大人不必刻意这样说话。另外，过于随意的措辞最好也避免，我经常一不小心就会说出"真牛啊""好吃到爆"之类的。我以后会多加注意的（汗）。

们，但她并不是因为真正了解语言的意思才叫"爸爸"或"妈妈"的。我和妻子拼了命地在比赛，看女儿会先叫谁（笑）。

· 育儿闲话 ·

女儿很喜欢南瓜和地瓜，这也是妻子最爱吃的东西。我不喜欢那种黏糊糊的口感，家人当中，似乎只有我的喜好跟大家不一样（汗）。

脑科学小专栏 02

记忆从什么时候开始

在此，我来介绍几个有关婴幼儿记忆力的研究。

意大利国际高等研究院（SISSA）的蒙蒂罗梭（Montirosso）博士等人，曾针对出生后 4 个月的婴儿对压力的反应，做了调查研究[1]。研究发现，婴儿哭泣时，如果妈妈没有任何反应，那么这对婴儿来说是很大的压力。实验中，研究者会让婴儿经受这种痛苦约 10 分钟，两周后再让他们经受同样的事。结果，相较于第一次经历，婴儿的压力激素反应变得更加激烈，换句话说，他们现在还"记得"上次经受的压力。虽然每个婴儿第二次反应的变化程度存在差异，但它证明了即使是 4 个月大的婴儿，也会将经历过的事情变成记忆，刻进了脑神经回路中。

更令人惊讶的是，之后赫尔辛基大学的帕尔塔宁（Partanen）

1 Montirosso R, Tronick E, Morandi F, Ciceri F, Borgatti R. Four-month-old infants' long-term memory for a stressful social event. PLoS One, 8: e82277, 2013.

博士等人证明了婴儿甚至还残留着"出生前的记忆"。他们为 29 周的胎儿每周播放 5 次同样的乐曲，比方说，让人弹奏《小星星》给胎儿听。结果，刚出生的情况自不必说，即使在出生 4 个月后，婴儿还是记得那首乐曲[1]。

这是通过记录婴儿的脑电波得知的。例如，如果故意把"Do、Do、Sol、Sol、La、La、Sol"弹奏成"Do、Do、Sol、Sol、La、La、Si"，那么婴儿的脑电波就会瞬间出现变化。也就是说，他们知道《小星星》这首乐曲原本应该是什么样的旋律，并发现听到的旋律和记忆中的不一样。

这个实验结果显示，在我们的大脑回路中，存在一些远比"正常记忆"更加古老的经验。虽然不至于像"前世"那么夸张，但人脑至少仍残存"出生前"（胎儿时）的记忆。

味道的记忆也是同样的情况。新生儿可以凭借妈妈胸部的味道来区分妈妈和其他人，因为胸部的味道和羊水的味道很相似[2]，而这也是他们在妈妈肚子里时的记忆痕迹。

另一方面，母亲也可以靠着味道来辨别自己的孩子[3]。母亲生产后把新生儿抱在胸前哺乳，很自然就可以记住婴儿的味道，而且这只要哺乳 30 分钟就足够了。母亲辨别自己孩子味

1　Partanen E, Kujala T, Tervaniemi M, Huotilainen M. Prenal music exposure induces long-term neural effects. PLos One, 8: e78946, 2013.

2　Porter R H, Winberg J. Unique salience of maternal breast odors for newborn infants. Neurosci Biobehav Rev 23: 439-449, 1999.

3　Schaal B, Porter R H. Advances in the study of behavior. 20: 135, 1991.

道的能力，比孩子的爸爸或奶奶都要优异许多。爸爸去闻孩子的味道也可以拥有和妈妈差不多的辨别能力，不过，他们至少要持续闻 3 小时以上 [1]。

○ 对教育与未来的责任

现在日本人的平均寿命，男性大约是 80 岁，女性大约是87 岁。不过，"平均值"是一个很麻烦的数值，它不一定会和我们的实际感受一致，因为半数以上的人都超过平均寿命 [2]。

更具意义的数值是寿命的"中位数"（Median），它指的是 50% 的人的死亡年龄。日本人寿命的中位数，男性约为 83 岁，女性约为 89 岁（2012 年统计）。也就是说，日本女性约有半数会活到将近 90 岁。

现年 90 岁的女性，指的当然是 90 年前出生的人，也就是说，在昭和（1926—1989 年）初期的医药及卫生环境中出生、成长的人。那么，在现代最先进医药环境中出生、成长的人，将来可以活到多少岁呢？

根据美国加州大学欧文分校所发表的"人类寿命资料库"（Human Mortaliy Database）显示，2007 年出生于日本的

---

1 Wyatt T D. Pheromones and Animal Behaviour. 2003.
2 极少数在幼年时期死亡的人属于离群值，所以整体平均值会下降。

人，其寿命中位数约为 107 岁[1]，这真是让人惊讶。的确，在未来医药技术的守护下，就算活到 107 岁，也不是那么不可思议的事。

换句话说，我女儿很可能会活到 22 世纪，那个时候，我已经不在这世上了。但是，我有责任让女儿未来的世界更加充实。看着女儿健康活泼的身影，我再次下定决心，绝不能轻视对年轻一代的教育。这是因为女儿的大脑每天都会累积新的记忆，而这些记忆将成为决定她人生的内涵，亦即决定 22 世纪的"个性"。

1　Human Mortality Database, THE 100-YEAR LIFE.

9 个月 终于变成人类了

○ 踏出成为人类的第一步

女儿可以扶着东西走路了。这个时期，除了身体上的发育，从心理学的角度，也可以看到孩子的大幅度成长。

孩子不是慢慢地、一点一点地长大，而是如阶梯状、一个阶段接一个阶段地成长。而在各个阶段中，孩子最明显的成长，就在 9 个月这一时期。

女儿的巨大变化之一是，她已经会用拇指和食指"抓捏"婴儿蛋酥。这个动作的专业术语是"精准抓取"。在这之前，女儿只会用所有手指和整个手掌来抓握，即"握力抓取"。"握"这个动作，猴子等动物也会，但用拇指和食指来"抓捏"这个动作，几乎只有人类才会。

其中的关键就在于人类特有的手部骨骼。人类手部的拇指和其他手指分离，拇指的指腹和其他手指的指腹的方向不同，得益于此，人类的拇指能够自由活动。猴子手部的拇指和其他手指是并排在一起的（指腹的方向相同），所以猴子无法像人类一样做出抓捏的动作[1]。

能够精准抓取之后，人类便能灵巧地制作工具。人类进化、发展出各种精密技术的秘诀之一就是"精准抓取"，换言之就是独特的拇指。女儿现在掌握了精准抓取，已经具备了打造人类文明的基础，可以说她终于踏出了成为"现代人"的第一步。

女儿的另一个变化是"共同注意力"（Joint Attention）。比方说，我和女儿互相看着彼此的脸时，当我故意把视线移到其他地方，女儿也会朝着我看的方向看。或者，有人用手指指着某个东西时，你把目光转向对方指的方向，这也是一种共同注意力。

共同注意力指的是，对于对方感兴趣的东西（对象），自己也会产生兴趣。这种"问题意识"的共享是合作的基础，换言之就是人类特有的"社会性"起源。这样看来，女儿也踏出了身为社会性动物的第一步。

---

1 320万年前的南方古猿（Australopithecus），是第一种可以像现代人一样进行"精准抓取"的动物。（参考文献：Skinner M M, Stephens N B, Tsegai Z J, Foote A C, Nguyen N H, Gross T, Pahr D H, Hublin J J, Kivell T L. Human evolution. Human-like hand use in Australopithecus africanus. Science, 347: 395-399, 2015）

○ 终于说出了第一句话

我在家工作时，女儿在隔壁房间玩耍的时间变多了。只要能够通过声音感觉到我在隔壁房间，她似乎就可以安心玩耍。从这层意义来说，养育小孩的工作已经变轻松了。不过，当我过一段时间再偷偷去看隔壁房间时，那里已经一团乱了（笑）。

虽然我几乎已经把所有东西都移到了女儿拿不到的地方，但还是有件东西难倒了我，那就是摆在地板上的扫地机器人。女儿非常喜欢这东西，她会在按下开关后，火速爬到很远的地方，然后在那里回头确认扫地机器人是否开始运作。就算我关掉开关，等我视线离开之后，她又会马上爬过去按下开关，这让我非常困扰。不过，她懂得这样玩，也是因为理解"按下开关，机器就会开始动"这个因果关系，所以可以一边预测结果，一边决定如何行动了。

在出现如此大幅成长的这个月，最了不起的成长就是女儿说出的第一句话。一如我上个月写的，我拼命教女儿说"爸爸、爸爸……"，妻子则是不断教女儿说"妈妈、妈妈……"，两个人都在期待着看女儿会先叫谁。

某天，我在工作时，妻子发信息给我，告诉我女儿开口说话了："她刚刚说了'球球'。"[1]"球球"是我家小狗的名字……

---

1 日语为ボール（booru），发音比中文的"球球"简单。——编者注

我心想："这怎么可能？！"我半信半疑地回到家后，发现女儿正用清楚的发音说着"球球"！

仔细想来，一天之内，我拼命教女儿说"爸爸、爸爸……"的时间，其实也只有 5 分钟，但是在我们夫妻的对话中，从早到晚都会出现"球球"——"球球，吃饭咯""球球，去散步咯""球球晚安"。出现这样的结果，恐怕不只是因为我们经常让女儿和球球玩，而是因为她频繁地听到"球球"这个名字（笑）。

不久之后，女儿终于会叫"爸爸"了，我真的很开心。可是，她叫"球球"的频率比"爸爸"还高。我真想问问女儿："真是奇怪了，到底是谁给你洗澡、哄你睡觉呢？"（笑）

·育儿闲话·

女儿爬着爬着就爬到了我的膝盖上，我索性把工作丢在一边，跟她一起玩。

之前我完全无法想象自己会这样，我对此感到困惑（笑）。

10 个月　学会 "疼痛"，快快长大

○ 把手按在头上说 "好疼!"

女儿现在已经能熟练地扶着东西走路了，而且也可以自己开门。所以，她开始玩弄家里的开关，打开关上，打开关上……我回过神时，发现空调被打开了，音响在播放音乐，整个家乱七八糟的。

但是，从女儿的角度来看，她只是对眼前的东西很感兴趣，这一切都只是她游戏的一部分而已。不，说不定她其实不是在玩耍，她是在认真摸索这个世界。

虽然女儿已经会扶着东西走路，但脚步还不是那么稳，她常常会撞到墙壁或桌脚。撞到头之后，她会说 "疼"，并把手按在撞到的地方。

这是不容忽视的重要变化! 人没办法直接看到自己的头，人能知道哪里疼，是人脑通过疼痛处传来的神经信息判断出

来的。

身体撞到东西时，被撞部位所对应的神经细胞会激活，产生神经信息。这些神经信息传到大脑时，就会产生"疼痛"这种感觉。不过，抵达大脑的这些信息，仅仅是电信号。要确认这些电信号来自身体的哪个部位，则是一个难题。不知不觉间，女儿已经知道疼痛来自身体何处了。

这样继续成长下去，我期待哪一天女儿会跟我说她"肚子痛"。我们从身体外面无法看到内脏，想了解身体里的疼痛来源，会比头部等身体表面更加困难。如果是身体表面的疼痛，女儿会把手贴在疼的地方，这是她模仿当她不小心撞到时，父母会把手贴在撞到的地方，一边揉一边说"很痛吧，没关系哦"而学会的。但是，内脏的疼痛只要孩子不说，父母就无从知晓。疼痛是一种主观的感觉，我们无法拿自己的疼痛和别人比较或分享。仔细一想，能够理解"疼痛"，并将自己的痛觉告诉他人，是很不可思议的事。

大家可能认为，把手贴在疼痛的地方并不能减轻疼痛。事实上，令人意外的是，这种手部力量不容小觑。有一项实验调查了对已婚女性的手腕给予电流刺激时她们的脑部反应[1]。实验中，电流刺激越强烈，她们脑部的疼痛反应就越强。在给予她们一次电流刺激后，接着对她们的手腕给予同样强度的电流

1　Coan J A, Schaefer H S, Davidson R J. Lending a hand: social regulation of the neural response to threat. Psychol Sci, 17: 1032-1039, 2006.

刺激时，让女性的另一只手抓着她丈夫。结果，疼痛的脑部反应大幅降低。这种情况下，女性受试者也说"没有刚刚那么疼"。给予同样强度的电流，按理说手腕受到的疼痛刺激应该也相同，但第二次实验中脑部的反应却不一样。顺带一提，对丈夫不太信任的女性，就算手抓着丈夫，疼痛感也没有减轻（汗）。

○ 从疼痛中学习

虽然我们为了顾及孩子的安全会小心谨慎，但也尽量不要变得太"神经质"，因为稍微疼一下，婴儿也能有所学习。

有一个调查婴儿从经验中进行学习的实验。实验中，研究者让婴儿在某个房间里自由爬行、翻身。这个房间的某个地方挖了一个很深的坑，坑的上面铺设了玻璃地板，也很安全。最开始，婴儿会若无其事地爬过玻璃地板的区域，但积累了较多爬行经验的婴儿，就不再在玻璃地板上爬行了，这是因为他们有了曾经摔倒、滚落的经历。

这一点非常重要，因为这个实验在雏鸟身上出现了不同的结果。把刚孵出来的雏鸟放在相同的房间里，雏鸟一开始就不会去玻璃地板的区域。在野生世界，哪怕仅有一次，雏鸟如果摔落，极可能就此殒命。所以，从雏鸟一出生，它们的大脑回路便已经输入了"高的地方很恐怖"这一信息，来避免自己摔落。

而人类出生后，当能够自由移动时，通过经验，也可以说是通过痛苦的经验，他们才会对"高"感到害怕。雏鸟是"因为害怕，所以不去"，而人类则是"因为摔过，所以避开"，这种差异非常深奥。

换个角度说，雏鸟会本能地只在固定的范围内生活，人类却会因为后天的学习而具备高度的灵活性。人类甚至能够做出类似"虽然很可怕，还是下悬崖看看吧"的判断，因此人类的探索范围也扩大了。动物刚出生时或许判断力比人类要强，但人类的"初期能力低"的劣势，很快就会转化成"灵活性高"的优势。这可以说是一种预先投资，但投资的回报很大。人类后来居上的速度，完全可以弥补先天的不足。

顺带一提，人类这种预先投资之所以可行，乃是因为父母"会在孩子摔落的时候伸出援手"。雏鸟的父母没有能力对摔落的孩子提供合适的援助，所以，它们必须等完全成熟之后才破壳而出。另外，人类的孩子即便从高处摔落了，父母也多会对孩子实施救助。正是因为父母具有高等能力，所以人类婴儿可以心安理得地以"未完全成熟"的状态出生。反过来说，人类养育子女之所以会这么劳神费力，反而是人类的高等能力所导致的结果。

上个月女儿会叫"爸爸"了。但这欣喜只是昙花一现，因为她很快就开始有自己的脾气了。当我说"叫爸爸"时，她会故意说"妈妈"。当我很失望地说"咦？叫错了哦!"，她却觉得很有趣。我完全被女儿戏弄了。

· 育儿闲话 ·

今天早上出门时，当我挥着手说"bye-bye——"，女儿也对我挥了挥手。虽然我知道她只是在模仿我，但不断重复这样的沟通之后，语言和动作就会连接在一起了。

11 个月　想走路的欲望是与生俱来的

○ 走得好棒，女儿终于会走路了！

上一小节我曾和大家说过，女儿扶着东西走路的脚步已经越来越稳了。在那之后，她很快就开始走路了。一开始大概走两步，然后是三四步，现在，她已经可以很顺利地走到十步左右。起身站立时，女儿总会面带笑容。

靠两只脚站立、走路的动物，当然不只人类，还有鸟类、袋鼠，古代的话则有恐龙里的霸王龙。不过，站立时还可以自由使用双手的动物只有人类。也就是说，如果用"为了自由使用双手而开始以双脚走路"来解释人类进化的话，会有点儿勉强，因为像袋鼠、霸王龙这些用双脚走路的生物，手部（前肢）大多已经退化。

原本，"前肢（臂）"是为了要以四只脚走路而存在的，变成以双脚走路之后，前肢就不需要了，当然会退化。但不知为何，人类这种珍奇生物的手不仅没有退化，反而被人更灵活地使用着。

以双脚走路或许重心不容易平衡，动不动就会跌倒，但若从移动的效率来看，人类以两只脚走路的效率，比四只脚来得高。这是因为人类能够利用重力，让双腿像钟摆那样摆动式前进。如果将机械式的机器人设计成完美的双足步行机器人，那么只要有些微倾斜，这种机器人就可以完全不使用电机或蒸汽装置等内部能源，很安稳地继续走路，这称为"被动动态行走"[1]。换言之，人类仅靠双脚，就可以几乎不使用肌肉能量来行走。

就跑步速度而言，人类比不上猎豹或斑马，但人类的优势在于优秀的持久力。人类行走不容易疲倦，可以用两只脚走到很远的地方。野生动物通常不会移动到距离它们出生地很远的地方，就算是生活在非洲广袤的热带草原上的长颈鹿和大象，一生移动的范围也相当有限。而现在的人类于 25 万年前在非洲诞生，一部分人类约 10 万年前离开非洲，迁徙到欧洲和亚洲[2]，之后，人类又通过步行，很快地走到世界的每一个角落。

我从女儿的"第一步"，感受到人类悠长历史的浪漫。

___

1　McGeer T. Passive dynamic walking. Int J Robot Res, 9: 62-82, 1990.

2　（1）Pavlov P, Svendsen J I, Indrelid S. Human presence in the European Arctic nearly 40,000 years ago. Nature, 413: 64-67, 2001.
（2）Bramble D M, Lieberman D E. Endurance running and the evolution of Homo. Nature, 432: 345-352, 2004.

○ "想用勺子！"——对工具的渴求

最近，女儿开始会用棒状的东西试着碰触手够不着的玩具。这是用工具代替双手的行为。她已经能够自由地"扩展"自己的身体了。只不过，她还没办法用棒子把玩具弄到自己手边。

她使用勺子和叉子的动作还十分笨拙。就算帮她把食物放到勺子上，而且她似乎也知道怎么用，但最后还是会洒出来。顺利的话，她可以把东西吃掉，但吃酸奶时常常吃两三口就开始玩起来，我家爱犬球球则会迅速舔掉掉在地板上的酸奶（笑）。

从脑科学的角度来看，能否使用工具，可能与大脑顶叶（Parietal Lobe）附近的神经纤维是否相互连接有关[1]。猴子的大脑顶叶附近的神经纤维不像人类这样相互连接，所以几乎无法使用工具，但猴子经过几星期的训练之后，神经纤维就会连接起来，变得能够使用工具[2]。人类就算不经过特别训练，此处的神经纤维也会很自然地连接。或许就是因为如此，只要稍加练

---

[1] Peeters R R, Rizzolatti G, Orban G A. Functional properties of the left parietal tool use region. Neuroimage, 78: 83-93, 2013.

[2] Hihara S, Notoya T, Tanaka M, Ichinose S, Ojima H, Obayashi S, Fujii N, Iriki A. Extension of corticocortical afferents into the anterior bank of the intraparietal sulcus by tool-use training in adult monkeys. Neuropsychologia, 44: 2636-2646, 2006.

习，人类就可以使用工具。就像我没有特别去教女儿，但她已经开始使用工具了。

现在，就算我把勺子拿到她嘴边，她也不会张开嘴巴，而是会把手伸过来，仿佛在说："让我来拿。"婴儿这种"想自己使用工具"的主体性欲望，就算没有人教也会出现。我想这或许就是人类是"工具使用者"的证明吧。

回到一开始的话题，开始走路的女儿从两三米以外的地方"咚咚咚"地走过来，扑倒在我的胸前。那个样子虽然很可爱，但我马上就遭到"报应"了。体重超过九公斤的女儿向我扑来，她的头狠狠地撞在了我的脸上！我的嘴唇裂开，鼻血流了出来……她这样突然跑过来，我无法预测她会怎么移动，真的是痛得不得了（泪）。不过，就算流血也要面带笑容地说："有点儿疼哦。"（笑）育儿也需要忍耐啊。

·育儿闲话·

妻子的睡眠质量一向很好，就算女儿半夜哭了，妻子还是睡得很香。

相较之下，睡眠比较浅的我就必须负责在半夜冲奶粉，那个时候，妻子还是睡得很熟，丝毫没有察觉我的活动。

我想这也是一种才能吧，好羡慕（笑）。

1 岁　想要自己动手做

○　一起吃比较好吃?

女儿满一周岁了，按照日本的传统，我们让她背上了"一升饼"。"一升饼"大约 1.8 公斤，背着这么重的东西，女儿也完全没有哭，她若无其事般摇摇晃晃地走着。

前几天，我和女儿在公园玩耍，球滚走时，女儿就看着我，用手指着球。我想她的意思应该是"拿给我，拿给我"。我遵照指示跑去追球，同时也发现："咦，她不会是在差遣我吧?"（笑）

这个"用手指"的动作是人类的成长标志之一。幼儿看到什么感兴趣的东西后，会用手去指，然后看看父母，就像在说："你看你看!"因为他们想和其他人分享自己的兴趣和快乐。不久之前，女儿还只是用眼睛看着我视线所及之处，但像这次的这种"用手指"的动作，在交流的方向上是完全相反的，因为这次不是"我也想看看别人看到的东西"，而是"我希望别人看看我看到的东西"。或许是职业病，从这样的微小变化中，我也感受到了女儿大脑的成长[1]。

吃饭时，女儿不喜欢我们让她一个人吃，她喜欢全家一起吃。所以，昨天我们三个人同桌吃了饭。换句话说，女儿已经出现人类的社会性了。

我推测她大致已经形成了"自我"。上个月喂她吃饭时，她还会"因为想自己吃"，所以伸手去拿勺子，但现在她已经会推开父母拿着勺子的手，表示拒绝。穿鞋外出时，她也不喜欢坐婴儿车，而想自己走路，似乎想快点儿从我身边独立出去。虽然我的心情有点儿落寞，却也觉得这是很棒的变化。

○ 守护积极的态度

或许是"想活动"这种需求非常强烈，女儿不喜欢袖子太长、会勾到手或手指，让她无法自由活动的衣服，穿上之后不好活动的袜子她也会马上脱掉。她不喜欢盖被子，应该也是因为盖被子会妨碍手脚活动，所以她经常睡在棉被上面（笑）。

---

1 补充说明一下，这个时候的孩子也会通过观察父母的表情，来了解自己当时做的事是好还是坏，所以当孩子看着父母说"你看你看"时，我们也要回以笑容。（参考文献：Sorce J F, Emde R N, Campos J J, Klinnert M D. Maternal emotional signaling: Its effect on the visual cliff behavior of 1-year-olds. Dev Psychol 21: 195-200, 1985.）

总之，她就是讨厌会妨碍自己的东西。动物，单纯从汉字字面上看，就是会动的物体。作为动物的人类，果然是一种本质上具有"希望可以自己活动"这种欲望的生物。

过去，我研究老鼠的大脑时发现了一件事。我在老鼠的胡须碰触其他东西时，观测了它的大脑活动。结果发现，在碰触到相同东西的情况下，相较于被其他东西碰触（Passive Touch），自己积极地去碰触（Active Touch）所引起的大脑反应要强烈 10 倍[1]。也就是说，"主动行动"可以充分激活大脑。光是知道这个大脑原理，我就会尽量满足女儿"宁可用自己的脚走路，也不想坐在婴儿车上被推着移动"的需求。

大脑原本就是通过自行决断、积极行动而成长的，对人类来说，可以主动活动的快感，比被动行动来得强。所以吃饭时，就算女儿把盘子打翻，我也会将其视为女儿的一种"主动行为"，放任她自己行动，之后我再整理一下就没事了。不过前几天，女儿开始玩我家爱犬球球的喝水碗，她把两只脚踏进碗里，踩着水玩。如果事情到此为止，那倒也还好，但之后她开始喝碗里的水，所以我还是阻止了她（笑）。

尽管如此，老实说，女儿出生后，我变得手忙脚乱，就连感慨"一年已经过去了"的时间都没有。不过，和孩子在一起

1　Krupa D J, Wiest M C, Shuler M G, Laubach M, Nicolelis M A. Layer-specific somatosensory cortical activation during active tactile discrimination. Science, 304: 1989-1992, 2004.

的每个瞬间都好开心。特别是我回家时，女儿看到从玄关进来的我，她的眼睛真的非常闪亮，我知道她打从心底开心。或许有一天她长大时，会对我说"爸，你好啰唆"，但现在，她会无条件地喜欢我，这也是让我每一天都过得非常充实的原因之一。

当然，这个时期孩子并不会像我们一样思考过去和未来，他们只会认真活在当下。昨天我不小心绊倒了女儿，让她跌了一跤，但她哭了10秒钟之后就带着笑容向我走来，马上就把过去的事忘得一干二净，这心胸真是宽大啊（笑）。

·育儿闲话·

每天早上，女儿都会说着"bye-bye"送我出门。不过，当玄关的门关上，她看不到我之后，马上就会哭。我就这样带着依依不舍的心情去上班了。

这个时期，她应该还不知道bye-bye的意思，只是在模仿我的动作而已。

脑科学小专栏 03

阅读障碍与智商

人的一生中，智商（智力商数，IQ）不太会变化[1]，人在 11 岁和 79 岁时做智力测试，60% 以上的人的结果都不会差太多。根据这个事实，不少人认为智商会遗传。随机选择没有遗传关联、毫无关系的两个人，调查其智商有多一致，会发现相关系数是零。也就是说，人的智商只会在非常偶然的情况下才会一致。但是，同卵双胞胎（拥有相同基因的两个人）的情况下，就算将两个人从小分开养育，在不同的环境长大，两人的

---

1 Deary I J, Yang J, Davies G, Harris S E, Tenesa A, Liewald D, Luciano M, Lopez L M, Gow A J, Corley J, Redmond P, Fox H C, Rowe S J,Haggarty P, McNeill G, Goddard M E, Porteous D J, Whalley L J, Starr J M, Visscher P M.Genetic contributions to stability and change in intelligence from childhood to old age. Nature, 482: 212-215, 2012.

智商的一致率也会超过 70%[1]。

然而，如果看到这样的资料，就认为不得不接受"才能早在出生前就已经决定"这种让人遗憾的宿命论，那就实在是太武断了。事实上，大脑可以通过经验和学习，习得智慧和知识，进而显著成长。也就是说，智商可以通过教育而变高。

事实上，设计智商测验的最初目的，在于构建出尽可能不受环境、教育和年龄影响的稳定指标，换言之，是为了测量"由基因决定的能力"。为了能精准测量这种与生俱来的纯粹能力，智商测验经过了长年改良。反过来说的话，智商的遗传率最多只有 70% 这一事实，也显示智商测验还有进一步改善的余地（因此，从智商测试的历史发展来看，打着"提高婴幼儿智商"旗号的早教课程，实在非常可笑）。

除了智商，还有许多能力会遗传，比如读写能力和计算能力。大家都知道，这些能力在个体上的差异很大。人类使用文字和数字的时间，至多不会超过一万年，所以从长期进化的角度来看，文字和数字对大脑回路而言，都是突然出现的"不自然之物"，人脑无法熟练处理它们也不奇怪。

在这类"新能力"的遗传性影响中，目前研究较为深入的是"阅读障碍"（失读症，Dyslexia）。阅读障碍是"阅读文字

1　Burt C. The genetic determination of differences in intelligence: a study of monozygotic twins reared together and apart. Br J Psychol, 57: 137-153,1966. 不过，根据调查，会有一些落差。

能力低下"的症状。据研究显示，不少智力正常的人也有阅读障碍，小学生中则有 5% ~ 12% 的孩子有阅读障碍 [1]，这个比例实在不容忽视。阅读障碍的原因非常复杂，至少有数十个基因是导致阅读障碍的"犯罪嫌疑人"。其中最广为人知的原因，是名为 DYX1C1 的基因的突变 [2]。

事实上，我觉得自己似乎也有读写障碍。比方说，我写的电子邮件满是错字、漏字。身旁的人似乎（有时）觉得我的邮件是急匆匆地写出来的，但我写完邮件后至少会读两遍，通常是读五遍后才发送出去。即使如此，我的邮件中还会有遗漏的错误。

之前，我检查自己的基因时，确实发现 DYX1C1 发生了突变，而且还是双重突变。

回想起来，以前还是学生时，我经常读不完语文考试中的现代文阅读的文章，或许这就是阅读障碍的征兆。只是当时，我以为周围的朋友也跟我一样，我甚至认为语文考试中的阅读理解，就是"用长到读不完的文章，来测验学生是否可以在时限内有效解读文意"。

1　Katusic S K, Colligan R C, Barbaresi W J, Schaid D J, Jacobsen S J. Incidence of reading disability in a population-based birth cohort, 1976-1982, Rochester, Minn. Mayo Clin Proc, 76: 1081-1092, 2001.

2　Dahdouh F, Anthoni H, Tapia-Páez I, Peyrard-Janvid M, Schulte-Körne G, Warnke A, Nöthen M M. Further evidence for DYX1C1 as a susceptibility factor for dyslexia. Psychiat Gen, 19: 59-63, 2009.

不过，这并不代表我不擅长与文字有关的事情。人脑非常厉害，它可以通过经验，学会以其他能力弥补不足之处。只要不是特别严重的情况，人脑都可以顺利克服，并不会让人在生活上感到不太方便。就算是我有阅读障碍，我也还是可以写作出书，这就是大脑这个器官的神奇之处。

不管怎样，所有人都会因为各自的基因而具有与生俱来的个性。但是，将所有基因都完美组合的"杰作"是不存在的，不管是我自己，还是我的小孩，都一样。人都各有其优缺点，在以开明的态度守护孩子个性的同时，务必也要以适合孩子的方法和环境，为他们提供可以自在成长的教育。

第2章

1~2 岁
诞生"自己"，认识"他人"

这一时期，孩子主动的行为越来越多，他们终于知道"自己"是独立个体了。

同时，他们也会知道在旁边的"你"就是"你"，不是别人。

他们的记忆力、预测能力、想象力，以及理解力都不断发展。

他们会铆足全力为了确认"达到自己期望的程度"而开始"反抗"。

* 参照日本厚生劳动省发行的《母子健康手册》

1 ~ 2 岁孩子大脑的发育过程

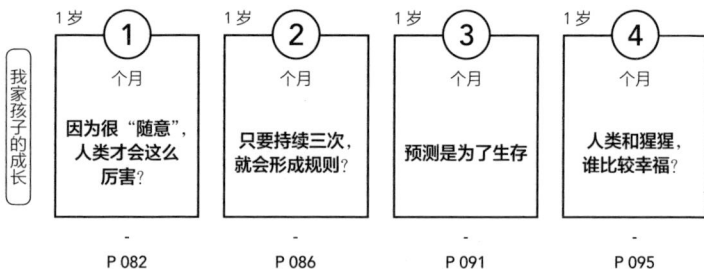

我家孩子的成长

1 岁 ① 个月	1 岁 ② 个月	1 岁 ③ 个月	1 岁 ④ 个月
因为很"随意"，人类才会这么厉害？	只要持续三次，就会形成规则？	预测是为了生存	人类和猩猩，谁比较幸福？
- P 082	- P 086	- P 091	- P 095

一般的发展过程 *

我家孩子的成长

1岁 **5** 个月	1岁 **6** 个月	1岁 **7** 个月	1岁 **8** 个月
"自己"诞生了	用双词句丰富语言表达	孩子不再能瞬间破涕为笑	颜色有很多种
- P 103	- P 107	- P 111	- P 115

一般的发展过程*

- 可以独自行走
- 可以说出"妈妈""狗狗"等有意义的词语
- 可以自己拿杯子喝东西
- 从后面喊他的名字会回头……

我家孩子的成长

1岁 **9** 个月	1岁 **10** 个月	1岁 **11** 个月	**2** 岁
"我"在哪里?	第一次"说谎"	不管好还是不好,都跟父母越来越像	对文字很感兴趣
- P 122	- P 126	- P 130	- P 134

一般的发展过程*

- 会跑了
- 可以自己拿勺子吃东西
- 可以用积木堆出高塔,或假装是电车拿来玩
- 会模仿大人的动作
- 能说出两个词构成的句子,等等

1岁1个月　因为很"随意"，
人类才会这么厉害？

○ "球球"也变成"狗狗"了？！

　　最近，女儿的自我意识变强了。前几天，全家一起外出时，女儿指着手提袋，因为她知道里面装了一些她最喜欢的玩具和点心。然后，我从里头挑了一个点心，说："这个？"我把点心拿给她，但这似乎不是女儿想要的，她表现出明显的嫌弃。我似乎不擅长察言观色，每天都要像这样来试探女儿的心情（笑）。

　　女儿和我们家的小狗球球的感情很好，她常常摸着球球说："好乖，好乖。"但或许是女儿的力道对球球来说太大了，它经常"呜——"地发出低吼。不久前，只要球球对女儿发出低吼，女儿就会哭着逃走，但现在她已经不把这种恐吓放在眼里了。对球球来说，明明不靠近她就没事，但它仿佛不长记性，总是靠近女儿。

从之前开始，女儿就会指着球球叫它的名字，在外面看到其他小狗时，也会叫它们"球球"。但是最近，女儿看到其他小狗时会叫它们"狗狗"，她可能是在托儿所学到了"狗狗"这个词。我心想她终于能够清楚区分球球和其他的小狗了。

但是后来，她开始将"球球"也称呼为"狗狗"，或许是因为"球球"属于"狗狗"这个族群。好朋友球球的地位沦落到和其他小狗一样了，球球真可怜。

○ 因为很"随意"，人脑才会具有灵活性

说到"球球"和"狗狗"这件事情，我想起了一个实验。实验人员让黑猩猩看叉子，并教它从眼前的单词卡中选出写了"叉子"的卡片。接着，再让黑猩猩看勺子，并教它从卡片中选出写了"勺子"的卡片，这算是一种卡牌游戏。重复训练之后，黑猩猩看物品，就可以正确地选出与之对应的卡片。

不过，将关系反过来，即把叉子和勺子等真实物品摆在黑猩猩的眼前，拿写了"叉子"的卡片给猩猩看，让它选择对应的物品时，黑猩猩却无法选出叉子。

这实在很不可思议。换成是人类，如果能通过看叉子选出写了"叉子"的卡片，那么其反向模式的选择，即通过看"叉子"的卡片来选出叉子，我们也能很自然地做到。

现在请再仔细想想，在这个游戏中，黑猩猩和人类谁才是正确的？答案是黑猩猩。

对人类来说，一旦懂得"如果A，那么B"，就算不专门学习，人也能做出"如果B，那么A"的选择。但准确地说，"如果A，那么B"成立时，"如果B，那么A"未必成立。比方说，球球虽然是小狗，但小狗未必是球球。如果教黑猩猩"如果A，那就B"，虽然它看到A就能选出B，却无法学会"反向操作"。能够"反向操作"的人脑，事实上是不合逻辑的，人脑只是在做"粗略"地推断。

女儿开始把"球球"称为"狗狗"，这不正是她的大脑在做粗略推断的证明吗？看到女儿有了人类该有的"模糊性"，我非常感动（笑）。在人脑习得语言的过程中，这种"模糊性"或"草率、随意性"是非常重要的，否则，人就无法理解"种类"这个概念了。

比方说，当人记住眼前桌子上的东西是"苹果"时，如果认为店里卖的苹果是另一种东西，不是之前记住的"苹果"，那么"苹果"这个种类就不成立。也就是说，此时的"苹果"不具备一般名词的功能。

但是，实际上人脑具有高度的灵活性，除了实物苹果和照片中的苹果外，即使是风格抽象的苹果插画，人依旧可以认得那是苹果。把苹果的画拿给黑猩猩看，告诉它那是苹果，它或许能够认出那是苹果，但如果拿的是与真实模样相距甚远的苹果绘画，它就不知道那是苹果了。黑猩猩的严谨和正确，反而让它们变得狭隘而不知变通。

再回到女儿将"球球"称为"狗狗"这件事情上。在那之后。当我教女儿"这是'球球'，那是'狗狗'"之后，她似乎总算知道如何区分了，总之会用"球球"这个名字来呼叫我们家的狗 [1]。但是，当我们外出散步看到小猫时，女儿也会说"狗狗"，看到乌鸦也说"狗狗"。女儿似乎把外面的动物全部当作"狗狗"了，人脑真是非常"随意"啊！

· 育儿闲话 ·

女儿很喜欢碰杯。我经常会用酒跟女儿的果汁碰杯。前几天，她双手拿着两个奶瓶互碰，完成了一个人的碰杯。她知道"碰杯"是什么意思吗？（笑）

---

1 这个时候的幼儿，会通过睡眠将学到的词汇进行一般化。比方说，学会"狗"这个词之后，幼儿会认为只有某一只特定的小狗是"狗"，但是，在午睡或睡了一觉后，他们就会知道所有的小狗都是"狗"。（参考文献：Friedrich M, Wilhelm I, Born J, Friederici AD. Generalization of word meanings during infant sleep. Nature communications, 6: 6004, 2015.）

1岁2个月　只要持续三次，
　　　　　就会形成规则？

○ 想要自己洗衣服

这个月里最大的变化是，女儿学会了做一长串的连续动作。之前，她已经会"拿着杯子喝茶"这种比较短的连续动作。但最近，她学会了"把脱下来的衣服捡起来[1]，拿着衣服从走廊走到洗手池，再把衣服放进洗衣机中，然后把洗衣机门关上"这一长串的连续动作。而且，她把洗衣机的门关上后，还会很高兴地拍手（笑）。某一天，女儿突然学会了这套从头到尾需要花上一分钟的连续动作，应该是平常看到爸爸妈妈做过吧。捡起衣服、站起来、拿着衣服走……这一个个动作虽然都很简短，但把这些动作连起来，并带着某个目的来行动，是非

1　女儿还不会自己脱衣服。

常值得注意的。

因为这代表她能够理解"把脱下来的衣服放到洗衣机里"这一最终目的，而且为了达到目的，她可以按照顺序去做每一个动作。这是一种部分与整体的动作组合。这种行为的意义不在于了解每个动作的意义，而在于为了完成一个巨大的目标，能够将每个动作适当地连接起来，去执行一连串的连续动作。之前，女儿知道"杯子倒了，茶水就会洒出来"这种简单的因果关系，在这个月里，她已经可以理解更复杂的因果关系了。

○ 1 岁的幼儿也可以找出规则?

前几天我在家悠闲地躺着时，女儿骑到我的肚子上，而且这样她还不满足，还骑在我的肚子上颠了起来。女儿现在的体重已经超过 10 公斤了，所以这样实在很疼，我忍不住"挣扎"起来，双脚一通乱踢。女儿似乎觉得这很有趣，回头去看我乱踢的双脚。当她再骑在我肚子上颠时，我又做同样的事。我发现当女儿发现我的脚又开始乱踢时，她会高兴地放声大叫。到了第三次，在我乱踢之前，她已经先回头去看我的脚了。

也就是说，她通过三次行为，已经在推测我的脚会因为她的行动而乱踢。

看到女儿这个样子，我想起了"贝叶斯推理"（Bayesian inference）。举个例子，一个袋子里有十个鸡蛋，把其中一个鸡蛋敲开，发现是坏的，之后再敲开一个，发现这个也坏了，接着又敲开了一个，结果还是坏的。大家觉得剩下的七个鸡蛋会如何？大部分人应该会认为"所有鸡蛋都坏了"吧。发现第一个鸡蛋坏了时，或许会觉得"可能是凑巧"，买来的鸡蛋应该很少会坏掉，但也不是没有可能。但是，连续发现两个鸡蛋坏了后，不少人会产生一丝疑虑。当发现连续三个鸡蛋都是坏的时，大多数人会认为"所有鸡蛋都坏了，全扔了吧"。

像这样，在不断重复的过程中，人会逐渐确信心中的想法，这个过程就是贝叶斯推理。在日常生活中，一如"有一有二就有三"这句话，人大致会通过两到三次的行为来推测因果关系。我没想到 1 岁幼儿的大脑竟然也可以做类似的推理，真令人惊讶！

贝叶斯推理的优点在于，它能让人不被事物的表面所迷惑，进而发现其背后的根本性规则。不要仅凭一次经验就快速下定论，而是将其先保留下来作为推理的依据之一，这是贝叶斯推理的本质。

人脑特别擅长进行贝叶斯推理。我之前认为，这是因为人类有语言，所以擅长贝叶斯推理。但是，女儿现在还未习得语言，也就是说，人脑擅长进行贝叶斯推理，可能并不是因为"语言"，而是因为"人脑"本身。在育儿的过程中，我更真切地感受到，人类的大脑不是动物大脑的单纯延伸，而是在本质上不同的东西。

不过也许有人会说，仅凭几次经验就做预测，这样的判断为时尚早。就像刚刚说的鸡蛋实验，到第三个就放弃，或许是太早了点儿[1]。贝叶斯推理或许会让人贸然下结论，但这也有其本身的意义，即让人尽快明白"已经不行了，换下一个吧"。贝叶斯推理赋予人这种判断、决定的能力，进而让人能决定进一步的行动，这在大部分情况下可以有效节省时间和精力。

　　现在，人工智能（AI）研究非常盛行。人工智能拥有接近人类的智能，在某些情况下甚至可以胜过人类。但是，现在的人工智能和人脑相比，存在一点决定性的不同，那就是学习所需的信息量。例如，在围棋上打败世界冠军的人工智能，在经过近1000万次的对战学习之后，才拥有和人类一样的水准。但以人类来说，即使是专业棋手，一生中最多也只能经历一万场对战。

　　人脑可以凭借远少于人工智能的训练量而大幅进步，这是与经验数据相对的强烈"信念"所孕育出来的产物，而实现这一过程的重要支撑之一就是贝叶斯推理。

　　我们人类就是基于这样的信念（亦即"成见"）而行动。我们内心的结构就像贝叶斯推理一样，从复杂的经验法则的丝

---

1 "大家都有更多零用钱""最近大家都结婚了"这些句子中的"大家"具体来说是多少人呢？调查发现，"大家"指三个人以上的情况。也有一个玩笑说数数可以用"1、2、很多（3）、大部分（4）"的方法来数。只要是三个人以上，人就会搞不清楚指的是哪些人，进而变成"大家"这种抽象的表达方式。"总是迟到"和"哪儿都有卖的"也是和上述类似的说法。

线中，编织出自己独有的世界观，进而成为确立"自我"与
"个性"的基础。

·育儿闲话·

早上去托儿所时，我找不到女儿的鞋了，所以我只好把光着脚丫
的她抱到托儿所。

晚上，我坐在书桌前的时候，发现女儿的鞋子竟然在我的笔记本
电脑上！女儿的恶作剧真的太出人意料了（笑）。

1岁3个月 预测是为了生存

○ 模仿是高等行为

我发出"啊"的声音，女儿也会说"啊"，连我的面部表情也会一起模仿。模仿表情看似简单，事实上是难度非常高的行为。

想要模仿，前提是能区分自己和他人[1]，也要有和对方做出相同表情的意图。此外，还必须知道要如何控制面部肌肉，才能变得和对方的表情一样。当对方说"啊"的时候，幼儿能用眼睛看到对方的表情，却看不到自己说"啊"时的表情。只有当幼儿的大脑理解"神经回路—面部肌肉—面部表情"之间的控制对应关系时，幼儿才能模仿对方的表情。模仿这种行为，

---

1 知道自己和别人不同，感觉似乎是很自然的事，但事实上，这并非那么理所当然。出生后3个月的孩子，看到旁边的孩子哭泣时，有时自己也会跟着一起哭，这应该是在心理上觉得旁边的孩子和自己是一体的。

是远比想象中要难的高等行为。

模仿是学习和理解社会规则的第一步。通过模仿，才能让大脑以非常自然的方式理解自己所在国家或地区的文化和习惯。孩子在日本成长，其行为举止就会有日本人的特征；孩子在美国文化圈中长大，即使他是日本人，也会表现得像美国人一样。比如人类笑的方式，虽然大致来看是差不多相同的，但细微之处还是会反映出不同地域的文化差异。融入当地文化的第一步，就是模仿。人类就算没有被特别教导也会模仿，"模仿"这种行为本身就能产生一种快感。一直模仿而不会感到厌倦，这是人类特有的能力。

○ "预测"是人脑的最初功能

女儿的另一项明显进步是，可以做出预测了。比方说，我说"1、2、3、4、5"，女儿会一字一字地分别加以模仿，而当我说完"1、2、3"就停止时，女儿会接着说"4、5"。唱歌也是，我唱到一半停下来时，女儿会接着继续唱，这让我相当惊讶。

人脑具备各种功能，如果要我说出人脑最重要的功能，我会毫不犹豫地回答"预测"（事先推测，并采取应对策略）。有的人可能觉得记忆更重要，但记忆这个大脑功能是为了能在将来使用所记下的知识，也就是为了"预测"做准备。女儿能做出预测行为，说明她开始正式地使用她的大脑了。

在野生动物的世界，"预测"在寻找食物、抵御外敌、繁殖等活动中至关重要；在人类的世界，"预测"则是孕育社会文化和相互沟通的土壤。

在脑科学研究中，有个实验记录了两个正在对话的人的脑部反应[1]，研究"聊得很起劲"或"很合得来"时，人脑会呈现何种状态。

实验中，两个人很合得来时，其大脑会呈现同步状态，大脑活动的脑电波波长也完全吻合。进一步调查后得知，聆听者的大脑在听对方说话"之前"，就已经开始活动，这一结果让人非常意外。

两人的脑电波的波长之所以会吻合，乃是因为说话者的大脑状态已经被聆听者复制了。本来，聆听者的大脑活动应该会稍微慢一些，因为在复制前会有一点儿时间差。但是，当对话的内容越来越"合得来"时，聆听者大脑的某个部位，就越能比说话者的大脑更早开始活动，而这个大脑部位便是和"预测"有关的部位。也就是说，聆听者会一边预测对方说话的内容，一边听对方说话。而且，正是因为这种"正确预测"，所以双方才会觉得对话时聊得非常起劲，有一种"很合得来"的感觉。事实上，询问受试者后也会发现，大脑负责预测的部位

1　Stephens G J, Silbert L J, Hasson U. Speaker-listener neural coupling underlies successful communication. Proc Natl Acad Sci USA, 107: 14425-14430, 2010.

越活跃，受试者那种很合得来的感觉就越强烈。预测正确非常重要，预测正确时人就会觉得很开心，而"很合得来"就是一种开心的感觉。

关于预测，女儿也出现了一个很大的变化，那就是她会做出"肯定"的表达。比如，当听到"起床吧"，她会点头说"嗯"。一般来说，肯定与否定之间，孩子通常先学会否定表达（"不""不行"等）。否定就是不接受当下的现状，比较简单。而说"嗯"就代表期待接下来要发生的事。如果听到"睡觉吧"之后，以"嗯"回应，那么孩子便是预测到了"可以到床上休息"。这个时候，"嗯"是对未来的肯定，能够做出肯定表达的女儿，未来也将慢慢学会做出更多"预测"吧。

· 育儿闲话 ·

为了不让女儿闯进厨房，我们在厨房门口加了一道栅栏门。某天，女儿看到爱犬球球穿过栅栏门的缝隙进到厨房，她就用尽力气打开栅栏，把球球赶到厨房外面。原来她之前打不开栅栏门都是装的（笑）。

1岁4个月　人类和猩猩，谁比较幸福？

○　在非洲思考幸福这件事

　　前段时间，我去了一趟非洲。非洲独特的活力深深吸引了我，这已经是我第五次前往造访了。这次的目的是在药理学专业学会上发表论文。回程路上，我顺道去乌干达看了野生大猩猩（Gorilla）和黑猩猩（Chimpanzee）。把这件事说得酷一点儿的话，这也是我研究的一环。

　　所有的野生大猩猩和黑猩猩看起来都很快乐，步调悠闲，它们似乎非常幸福，甚至让我觉得"为什么我要这么辛苦地当一个人"（笑）。猩猩的四周有很多食物，就算吃光了，只要移动到下一个地方就好。幼小的大猩猩或黑猩猩吃饱之后，会把藤蔓当秋千荡着玩。它们没有固定居所，过一天算一天，生活非常恬静祥和。

　　大猩猩或黑猩猩这些高等灵长类动物和人类相比，谁比较幸福呢？猩猩应该不怕死，既不贪图荣华，也不想出人头地，更不想跟任何人攀比。就这一点来说，人类就算是很小的孩子也会不断相互比较："我要那个人的玩具""平常不是都会给我点心吗"，等等。姑且不论好坏，人类总是喜欢和别人或过去的自己比较外貌和当下的处境。

1200 万年前，人类和其他高等灵长类分家，进化成现在的模样[1]。人类总是觉得"自己处于进化的顶点，拥有地表上最大的权力"。但是，看了野生的猩猩之后，我真的为这种想法感到非常羞愧。很多生物都活得非常精彩，不，我们应该说，现在所有栖息在地球上的生物都处于"进化的顶点"[2]。

女儿看到相隔十天之后才回到家的我，瞬间露出了"咦，这是谁"的表情。过了几秒之后，她才露出笑容，兴奋得差点儿从沙发上掉下来。看到女儿开心的表情，我突然发现，虽然大猩猩和黑猩猩也会彼此沟通，组成一个很棒的社会，但是，相较于人类，它们缺少的（如果真的有所欠缺的话），应该就是笑容。女儿绽放笑容的瞬间，我深深觉得"所有的人科动物

1　人类是灵长目的一种。说得更严谨一点儿，人类是属于"哺乳纲灵长目人科人亚科人族"的亚种，所以人类是灵长目。顺带一提，大猩猩和黑猩猩都是属于灵长目人科的生物，也就是说，"大猩猩和黑猩猩都是人"这个说法，广义上来说没有错。日本猕猴（Macaca fuscata）并非属于人科，而是猴科（Cercopithecidae）。

2　地球上，拥有"脑"的生物仅占全体生物的 0.13%。也就是说，没有脑的生物才是地球生物界的霸主。拥有脑的生物，从数量上说是"弱势族群"。脑会消耗大量能量，为了维持脑的运作，有脑的生物必须到处移动，摄取足够的食物，而最极端的例子就是人类。从体积上看，人脑不是什么特殊的器官，但从能量的消耗量上看，人脑则是人体最耗费能量的器官。

中，我最喜欢人类"，因为我也是人类啊。

○ 孩子是父母的镜子

隔了许久再度相见，最让我感到惊讶的是，女儿已经会唱歌了。以前她可以用鼻子哼着旋律，现在则是会加上歌词，而且会的曲目也变多了，包括《大象》《郁金香》《小星星》，能够记住这些歌，表示她的记忆力也变强了。

另一件与这有关的事是，她已经可以数到"11"了。我想这与之前给她洗澡时，我总对她说"把肩膀泡到热水下面数到'20'，1、2、3……"有关。这种洗澡方式持续了一年的时间。不过，我去非洲之前，她还不会数。

严格来说，女儿并不是真的在数数。她只是将数字的"发音"，按照顺序记了下来，并不了解其中含义，有点像记歌词那样。要让孩子真正理解数和数学，恐怕是很久之后的事了。

最近，女儿让我帮她换尿布时，开始能向我说明她是尿尿还是大便了。这几天，和她一起到放置尿布的地方时，她还会伸手拿尿布。不过，尿尿或大便之后告诉他人是比较容易的事。等她再长大一些，就能在排泄之前有所察觉，然后提前让我知道。我很期待这一天的到来。

出差回来之后，我觉得最有趣的事是，女儿开始说出"什么""咦"等字眼，事实上这些都是我妻子的口头禅。上个月我曾写道，当我说"啊"时，女儿也会开口说"啊"，而且还会模仿我的表情。孩子真是父母的镜子。顺带一提，我的口头禅是："铆足全力！"工作之前，我都会如此激励自己一下。女儿虽然会自己爬上楼梯，但因为害怕而无法下楼时，我会刻意不帮她，而是对她说："铆足全力！铆足全力下楼！"就算她跌倒我也不会伸手帮忙，只会对她说："铆足全力！铆足全力站起来！"在研究室，这个口头禅是我的"注册商标"，我希望女儿哪一天也能模仿我，虽然妻子并不觉得这是个好主意（笑）。

· 育儿闲话

女儿开始模仿父母了。有一次我突然发现，她打开了妈妈的书在看。她兴致勃勃地翻着书，持续看了十几分钟。我一边想着"好厉害哦，这么专心"，走到她身边后我才发现，她把书拿反了（笑）。

脑科学小专栏 04

"模糊性"是人类的智慧

　　日本有句俗语叫"伯劳的猎食"，指的是伯劳鸟会把捕获的战利品挂在树枝上，作为日后的储备食物。但是，伯劳鸟经常把储备食物忘得一干二净，所以在日本的晚秋，经常能看到"伯劳的猎食"。因为这种现象，自古以来，伯劳鸟被认为记性很差，差到连自己捕获的食物都会忘记。另外，日本也有"鸡走三步就会忘记"这句俗语，也是指鸟类的记性很差。

　　从脑科学的角度来说，事实并非如此，鸟类记忆力的准确度高得惊人。

　　比如，让人类看稍微有点儿歪斜的正三角形，一个月后，再让他们回想当时的三角形并画出来，他们会画出没有歪斜的正三角形。轻微的歪斜误差对人类来说不会造成任何影响，他们不太会注意这些。

　　但是，鸟类却会严谨区分那细微的差异。一有差别，它们就会认为那是不一样的东西。鸟类可以像拍照一样，正确无误地记忆风景。

事实上，正是因为鸟类记忆的精准性，所以伯劳鸟才会忘记它的储备食物。大家知道为什么吗？只要把自己当作伯劳鸟来思考就能了解。假设现在将挂上猎物的树枝与其四周风景如拍照般准确无误地记住了，但是，一旦枯叶或枯枝被风吹走，风景就和伯劳鸟照片般的记忆不一致了。也就是说，伯劳鸟会认为"这不是自己挂在树上的食物"。

记忆如果太过正确，实用性就会变低，草率而模糊的记忆反而比较有用。

比方说，要记住某个人物时，如果把对方宛如照片般记忆下来，一旦从其他角度观看，那个人物就会变成别人。如果记忆没有适度的模糊性，我们甚至会无法认识他人。记忆若单纯只是正确，并没有什么用，记忆需要"缓慢"和"模糊"。

除了"模糊"外，"缓慢"也是记忆的一个重要因素。如果将从某个角度看到的脸记忆为"A先生"，那么从其他角度看时，就无法将其识别为"A先生"了。此时，如果马上用新角度下看到的脸更新记忆，那么这时从第一次的角度又无法识别"A先生"了。

解决这个问题的唯一方法是"保留"。也就是说，人脑不会马上得出结论，而是将从特定角度看到的脸记忆并保留下来，得到"这似乎是A先生"的印象。然后，将从其他角度看到的脸也识别为"这似乎也是 A 先生",并继续记忆、保留。在此基础上，人脑会缓慢地研究两者的共同点是什么，进而让认知缓慢发展，使这些信息成为能够使用的记忆。

○ 记忆力和想象力成反比

一般而言，记忆力好的人会呈现出"想象力较低"的倾向。这是因为，记忆力出色的人，总是可以想起事情的每一个细节，不需要靠想象力弥补记不住的部分。如果平常不进行"用空想填补不明之处"的练习，那么人的想象力就无法提升。记忆力的模糊性，正是想象力的源泉。

大家听过海克尔的"复演说"（Recapitulation theory）吗？不管是鱼、龟、鸟还是人，在受精的瞬间之后，胚胎会出现类似的外观。但是，人的胚胎继续成长，会变得不再像鱼的胚胎，但还是会有点儿像龟的胚胎。之后，继续成长的人类胚胎，又有点儿像鸟类胚胎的模样。换言之，这个学说认为，胚胎看起来似乎会依照历史的顺序成长，专家将这一过程称为"个体发育是系统发生的重演"。实际上，这个学说存在很多反例，所以在某个时期，对"复演说"的批判之声非常强烈。最近，又有研究提供了支持，认为"这个学说大致正确"。

海克尔的"复演说"就记忆能力来说是成立的，因为记忆模式的发展也会宛如进化过程的重演。

也就是说，幼儿的记忆力看似非常优异，但实际上是因为"幼儿更接近进化初期的动物"。孩子非常擅长"正确记忆"，所以，他们的记忆还无法真正拿来使用。不过，随着孩子的成长，他们的记忆模式也会逐渐成熟，变成大人的那种"模糊记忆"。

有的时候，我们会听到有人说"好羡慕小孩不管什么都可以马上记住"，但这其实是错误的观点，因为孩子的大脑尚未成熟，所以他们只能正确地记忆。

人类的大脑和猩猩不同，随着成长，人脑负责"模糊记忆"的部位会越来越发达。人能够记住文字，也是拜这种模糊记忆所赐。如果记忆是正确的，那么人脑就无法把手写体的"あ"（a）和印刷体的"あ"都识别为同一个"あ"。如果我们只能认出某种特定的"あ"，那真的会非常困扰。从这一点来看，人类草率、模糊的记忆力，其实正是我们的认知核心。

1岁5个月 "自己"诞生了

○ 镜子里的人是谁?

女儿现在能更好地理解周围的人的语言了。我拜托她帮我把脱下的衣服"拿到洗衣篮去",女儿就会拿过去;妻子对她说"把筷子拿过来",女儿也会拿着筷子过来。虽然离双向对话还有一段距离,但女儿已经会用行动响应我们了。我和妻子非常开心,不过她有时会把各种我们没让她拿的东西也带过来,拿给我们看(笑)。

说到这个月的巨大变化,是女儿已经知道镜子里的人是自己了[1]。某天,女儿站在镜子前,戴上帽子,注视着映照在镜子里的自己。只有乌鸦、黑猩猩、海豚、亚洲象等极少部分的动

1 一般来说,婴儿出生后4个月开始,就会对镜中的自己的模样感到好奇。1岁之后,他们会慢慢理解"镜像和实物不同"。而到了1岁半左右,他们终于知道镜像就是自己的模样所映照出来的。(参考文献:百合本仁子.1岁幼儿的镜像自我认知发展.教育心理学研究,29: 261-266, 1981.)

物，能够认得镜中的自己。狗虽然可以认出镜中的主人，但若没有经过训练，它们就无法认出镜中的自己。

我想确认女儿是否真的知道镜中的人是她自己。于是，我趁女儿不注意时，在她额头上贴了一张贴纸，然后把她带到镜子前。结果，女儿马上就撕掉额头上的贴纸，我把贴纸贴在她脸上其他部位时，也是一样的结果。若是给她贴了比较大的贴纸，女儿照镜子时，还会被吓哭。不过，这些事情表明，她的确知道镜中的人就是她自己。

婴儿出生 4 个月后，就开始可以区分电视中的人与真实世界中的人。以我女儿的状况来说，1 岁 3 个月时，她看到照片中的妈妈会叫“妈妈”。这个月，她已经可以识别镜中的自己，也可以说她已经知道自己和其他人是不同的，并在认知中将自我和他人分离开了。人类是在能够识别周围的人之后，才能识别自己。若以顺序来说，孩子会先注意到他人，然后才注意到自己。到了某一天，他们会将观察他人的视线转移到自己身上，然后发现“自己”这个与他人截然不同的存在[1]。

想要识别某人，必须要具备识别“不变性”的能力。比方说，孩子的模样会随着成长而改变，大人也不会永远维持相同

---

1 判断对方是敌人或猎物，对野生动物来说是“生死攸关的问题”，所以在进化的过程中，会先发展观察他人的能力。不过，特意将观察他人的视线转向自己，并非生存的必备要素，因此，动物基本上不会观察“自己”。可以从自己的角度观看自己，进而意识到“自己”，应该是人类特有的能力。相反，如果是在四周完全没有人烟的无人岛独自成长，应该就不会注意“自己”了。

的发型和服装。在这个容貌随着时间而改变的世界中，如果可以识别其背后的同一性，亦即不变性，那么就算发型和服装不同，孩子只看背影也可以认出"爸爸"和"妈妈"。换句话说，女儿会看着镜中的自己，就是她发现了"自己的不变性"。不变性会超越时间变化，成为某种固定的东西。其实之所以孩子随着成长能识别"不变性"，就因为他们对时间的感觉变强了。

○ 知道是谁的东西后……

关于识别"自己"这件事，让我们更深入地来看一下。人类随着成长，会逐渐形成"自己"这个统一的概念。比方说，人在晚上入睡至早上清醒的睡眠过程中意识会中断，但是为什么隔天早上清醒时，还会知道"昨天的自己和今天的自己是同一个人"？事实上，这并不是"知道"，而是单纯"如此相信"而已。人类不会认为自己睡觉时会变成另一个人，我们在没有明确根据的情况下，会相信"自己始终如一""今天的我是昨天的我的延伸"。如果不"如此相信"的话，那么"自己"就不会诞生，是"相信自己"的力量创造出了"自己"。也就是说，女儿终于产生了对自己这一存在的坚强"信念"[1]。

---

1 这一点非常重要。因为说到底就只是"如此相信"，所以从哲学的角度来说，"自己"有可能是幻影或虚构的。

或许是上述原因，女儿已经知道"爸爸"和"爸爸的"在用法上有什么不同。眼前这个人是"爸爸"，而这个皮包是"爸爸的"，她会这样区分"爸爸"和"爸爸用的东西"。我们大人虽然会很自然地使用"爸爸的""妈妈的"这种"说明东西属于谁"的描述，但事实上，这件事非常难，因为仅加了一个字，所指称的对象就从主体彻底变成附属物。女儿还不会使用主语和谓语，但是，就像这个例子一样，她慢慢学会将单字加以组合（将"爸爸"和"的"组合成"爸爸的"），创造出与原来意义不同的词。指称自己的鞋子时，她会加上自己的名字说"××的"。要去散步时，她就会挑出那双鞋子，把它拿过来。

这样的语言变化，和从镜中识别自我是相互联系的。女儿可以区分镜中的鼻子是"自己的鼻子"还是"爸爸的鼻子"。"这是爸爸的鼻子……所以可以把手指插进去！"女儿毫不留情地把手指插入我的鼻孔中，但她并不会把手指插进自己的鼻孔（笑）。

· 育儿闲话

女儿学会的词语越来越多。她最近学会了"婴儿"这个词。前几天散步时，她指着和自己差不多年纪的孩子说："婴儿——"按照她的这种说法，她自己也是婴儿啊！

1岁6个月　用双词句丰富语言表达

○ 开始用两个词来表达了！

女儿开始摆动双手走路了。一直到最近，她走路时还是像弥次郎兵卫[1]一样，必须把双手往两旁张开以维持平衡，感觉似乎要很努力才不会跌倒。但现在，或许是往前走的意志变强了，她靠着挥动手臂得到推进力，偶尔可以看到她顺畅行走的模样。

前几天，我家附近办了一场运动会。她第一次出场，因为还不会跑，所以赛跑得了倒数第二名。或许是为人父母者的自我感觉良好，我心想，因为她是三月出生的，所以这成绩应该算很不错了。我原本一直很担心女儿是否可以理解"赛跑"的意思，但她竟然能顺利抵达终点，这让我非常感动。

1　一种日本传统玩具，人形、两臂平伸且末端坠有重物。——编者注

这种不容错过的变化每天都在发生，这个月最大的变化是，女儿进入了"双词期"，也就是说她能将两个词加以组合，说出有两个词的句子。不过，她讲的第一句话竟然是"妈妈可怕"（笑）。不知道她说话时是否真的了解字面上的意思，但她讲出这句话时，我不由得用力点头，表示赞同（笑）。妻子似乎不太认同女儿的这句话，但为了承认女儿进入双词期，虽然有点儿勉强，她还是觉得很开心（笑）。

在那之后，女儿说出的双词越来越多，像是"拿那个""妈妈起床"。双词期的优异之处便是，随着词的组合，语言的表达会快速丰富起来。

听到女儿的双词句子，我觉得不可思议的是，她一定会在名词后面加上形容词或动词，像是"狗狗过来"或"狗狗在"。她虽然没有上过语文课，却可以很自然地按照母语的正规语法来连接词语。仅仅凭借一年半的听力练习，就可以这样学会语法，这是因为人脑具备习得语法专用的神经回路[1]。

之后，女儿又学会了连环问："这是什么""那是什么"，等等。除了平常看到的东西外，她也会用手指着第一次看到的新奇东西发问。电视上出现海豚时，女儿会问："那是什么?"她似乎对生物特别感兴趣。但老实说，我并不知道她是真的因为好奇而发问，还是因为发问后父母会有反应并回复她，进而

---

1 Chomsky N. The logical structure of linguistic theory. Plenum Press, 1975.

让她感到开心，所以才发问。女儿发问的频率高到让人厌烦（笑），不过，我还是努力耐着性子逐一回答。

○ 变得很会堆积木

在语言能力不断发展的同时，女儿的行动也变得更复杂了。最近，女儿的要求变得更加细致，等级也变高了。比方说，她会把录有自己喜欢的歌曲影片的 DVD 拿到我面前，在我面前唱着她自己想听的歌曲的片段。我想她应该是要我帮她播放 DVD 中的那首歌给她听。

除此之外，她也变得很会堆积木，有时，甚至可以将十块左右的积木叠起。不过，大部分的情况她会在中间放上小积木，所以才堆了几块就倒了。她似乎还没有大小的概念，无法理解按照从大到小的顺序来堆叠积木会比较容易保持平衡。

除此之外，当我说"堆绿色的积木"时，她还听不懂。她虽然知道"绿色"这个词，但似乎还无法理解涂在积木上的颜色。至于小狗，不管是哪个品种的小狗，她都知道它们是狗，看来女儿应该知道了可以用一个名词来涵盖同一种类的东西。不过，用来描述东西的特征，例如表达颜色、大小等概念的名词，对女儿来说似乎还很困难。

最近，她有几天没办法叫出"爸爸"。这期间，女儿对我的称呼变成了"妈妈"，她会叫我"妈妈"（笑）。虽然她知道有"爸爸",但她把"爸爸"和"妈妈"搞混了。后来,"爸爸"这个词还是"复活"了。有趣的是,"爸爸"这个词被再次分离出来后,她开始在更高等、更复杂的双词句子使用"爸爸"一词了。

这是很重要的过程。曾经学会的词语和概念,之后并不会就此固定,一成不变。孩子的大脑会不断重复塑造概念又加以破坏。他们通过重复"塑造—破坏"这个过程,让概念逐渐深化。在这个诞生、破坏的过程中,孩子会将其他要素统合进来,并重新构建意义,从而让知识和概念得以成长。

关于这一点,大人也一样,人脑吸收新的观念后,虽然会导致之前的价值观发生崩塌,却也可以通过新的见解,重新建立新的基准。在不断崩塌与重建的过程中,人就会打造出自己的特有世界观。开始养育孩子后我才发现,原来这件事情在人生的早期阶段就已经开始进行了。

· 育儿闲话

当我帮女儿做某些事时,她不会对我说"谢谢",而是说"多谢"(笑),这应该是模仿了我的用语。喝茶的时候,她也会发出"哇——"的声音,这是模仿我喝啤酒时的样子。我想我以后可能要收敛一点儿了(笑)。

1 岁 7 个月　孩子不再能瞬间破涕为笑

○　能了解他人的"疼痛"？！

上个月开始，女儿已经学会说由两个词组成的短句（双词句）。最近，她开始可以指着自己的鼻子说"××的鼻子"，又指着我的鼻子说"爸爸的鼻子"。

她似乎也掌握了"疼"这个字和疼的概念。自己不小心被夹到手指后，她会一边说"好疼好疼"，一边用手指着刚刚夹到她的地方告诉我们"是这里夹的"。

女儿也开始理解"痒"这个字了。一开始，她会把"痒"说成"疼"，但当我告诉她"这个叫'痒'"后，她马上就可以区分了。通过学习表达感受的词，她逐渐把"痒"从"疼"中分离了出来。掌握了对应的语言表达，孩子对感受的理解也会随之细化。

某一天，女儿走过来让我看她的右手，告诉我"很痒"。

然后，她又伸出左手说"这不痒"。也就是说，她想表达"右手很痒，但左手没事"。这虽然只是个平凡无奇的句子，却非常重要。因为，女儿在掌握"身体左右对称"这个事实的基础上，进一步了解了"右手和左手是不同的"。她现在正逐渐掌握这种多维的概念。

昨天，我去托儿所接女儿时，因为女儿想走路回家，我只好一路推着空的婴儿车。我让女儿先进电梯，而在我进电梯时，门刚好关上，我被夹到了。看到这幅景象的女儿说"爸爸疼"，这让我有些惊讶。她竟然这么小就知道了他人的痛苦。

唯有刻意地将"疼痛"这种只有自我才能感受到的主观经验，投射到他人身上，才能理解他人的痛苦。"疼痛"会让自己产生与世界连接的鲜明感受，但"疼痛"也是无法与他人相通的感受，这会让女儿意识到存在于自己与父亲之间的那条"自我和他人"的界线。

不过，女儿绝对不是出于同情而担心"爸爸是不是很疼"，她只是单纯指出"爸爸疼"这个事实而已（笑）。

○ "记仇"是成长的证据

女儿在这个月还有一个重要的变化，那就是"工作记忆"（Working Memory）开始发展了。

所谓工作记忆，简单来说就是短期记忆。工作记忆对人类的生存来说非常重要，它可以说是构成人类意识的根基[1]。为了能通过适当的"预测"来处理当前的情况，人脑必须将之前经历过的与未来会发生的事加以连接，并把这些信息暂时保存起来。负责这项工作的就是工作记忆，它不仅能让大脑更有效率，更是人类意识的源头之一。举例来说，我们感知到"自己实际存在"的这种自我意识，也是靠工作记忆来实现的，因为自我意识这种记忆也需要超越时间，不断被保留下来

婴儿哭的时候，只要拿玩具给他，他马上就会破涕为笑。这是因为孩子的记忆无法维持，所以不能连接过去和未来。孩子都活在当下，我女儿不久之前也是如此。但最近，我发现她的瞬间记忆可以维持的时间似乎稍微变长了。

为此，我做了一个实验。我在女儿拼拼图的时候，跟她说"有果汁哦"，企图打断她。一直到上个月之前，女儿还会被果汁吸引，进而忘记自己正在拼拼图。但是现在，就算喝了果汁，她还是会回来继续拼拼图。可见她的短期记忆，亦即工作记忆正在发展[2]。

不过，工作记忆形成之后，人也会开始"记仇"。例如，

1　Baddeley A. Working memory and conscious awareness. Theories of memory, 1992.

2　除了和工作记忆有关，这也和"前瞻性记忆"（Prospective Memory）有关。所谓前瞻性记忆，指的是记住之后该做的事，并在必要的时候回想起来的能力。如果欠缺这种能力，那本来要在上班途中寄的信，就会直接被带到公司。前瞻性记忆也有一种比较时髦的说法是"未来记忆"。

当女儿必须把正在玩的玩具还给朋友时，以前，她虽然会在玩具被拿走的瞬间有所抗拒，但马上就忘记了；现在，不光是把玩具拿走这件事，连拿走玩具的人她都会记恨一阵子。所以，那位朋友回家前对女儿说"bye-bye"时，女儿都不会看对方。虽然她这样的举动让我有点儿困扰，不过这正是成长的证据（笑）。

· 育儿闲话

我们全家一起上超市。我发出"嘘"的声音，暗示在电梯中大声唱歌的女儿要保持安静。结果，女儿很大声地模仿我的"嘘"，反而吸引了更多人的注意（汗）。

1岁8个月　颜色有很多种

○ "不要不要期" 终于到来!

女儿终于也来到了"不要不要期",也就是所谓的"第一反抗期"。我知道这个时期总会到来,但没想到会这么"猛烈"。

虽然女儿之前也出现过一些行为让我怀疑她是不是进入'不要不要期'了,但这个月的反抗程度明显更甚。她会躺在地板上,不管你做什么都说"不要"。例如,问她:"要吃吗?""Non。"再问她:"不想吃吗?""Non,Non。"就算是问她想不想要玩游戏,答案也全部是"Non"。不知为何,女儿说的不是"不要",而是带点儿法国腔的"Non",我并没有这样教过她(笑)。

都说"不要不要期"是形成自我人格的重要过渡期。发展心理学认为,这一时期如果父母强势压制孩子的"不要",那么孩子以后就会变得无法好好表达自我。照顾女儿的同时,我心想,原来人类是用这种方法来确立自我的。

"不要不要"的预兆，最好能及时发现并适当地应对。平时在身边照看女儿时，一般都不会有什么问题。不过，早晨赶着上班时，如果因为匆忙而没处理好"不要不要"的火苗，那么女儿之后就会闹得天翻地覆，我反而会更花时间。

如果女儿已经进入"不要不要"的状态，我会把她抱到镜子前，让她看着镜子，跟她说："你看，有个小孩在哭哦。"在目前这个阶段，一旦这样做了，她有时就不哭了。孩子多少会有点闹脾气，而类似"是谁在哭啊"这样的话，则能很快开启和他们之间的对话。让女儿通过镜子客观地观察自己，似乎就能让她慢慢平静下来。

像这样导入第三方视角的自我观察，也可以培养孩子的理解力和忍耐力。也就是说，正是因为成长过程中存在"不要不要期"，孩子可以学习的事才变多了[1]。

○ 掌握语言，学会"识别"

我在前文中提到，人在习得语言之后，就可以识别事物的微妙差异。让我再次强烈感受到这一点的是，女儿学会了分辨

---

1 之所以会有"不要不要期"，是因为"孩子的要求"与"社会规范或父母当时的状况"之间存在冲突。孩子其实是在试探自己的要求可以被接受到什么程度，同时也在试探父母的耐性。这个时期，父母会觉得很痛苦，有时还会深感烦恼，但事实上，我们应该为孩子这种心理层面的成长而开心。关于这方面具体的内容，请参阅第 139 页。

颜色。这个月，女儿记住了许多颜色的名称。

她最早学会的是"黄色"和"红色"，那时"蓝色"对她来说似乎有点儿困难。有一天，我给女儿看了蓝色的积木，但她说那是"红色"，于是我拿了红色积木给她看，告诉她"这才是红色"。接着，我又拿蓝色积木给她看，这次她的回答变成了"黄色"（笑）。我只好再拿黄色积木给她看，告诉她"这个是黄色，刚刚那个是蓝色"，就这样重复了20次左右。结果，那天晚上，女儿很有精神地说着梦话："蓝色、红色、黄色！"这时我觉得女儿有点儿可怜，20次的特别训练或许是太严格了（笑）。

隔天早上，我让女儿看了蓝色积木，问她："这是什么颜色？"她带着笑容，很轻松地告诉我："蓝色！"记忆会在睡眠中定型，这是脑科学中非常知名的理论，但直到那时，我才真切地感受到，人类从这么小开始就会在睡眠中吸收语言了。现在，如果我问："蓝色在哪里？"不仅是积木，女儿还会把房间中其他蓝色的东西都拿过来。

知道三种颜色的名称之后，学习分辨其他颜色就很快了。女儿马上学会了分辨"黑色""绿色""白色"和"粉红色"。然后，我发现一件很有趣的事，如果是介于红色和粉色之间的颜色，女儿会说"到这里为止是红色""到这里为止是粉红色"，她区分的界线和我不同。

我们都认为彩虹有七种颜色，但彩虹的颜色实际上是由光线的光谱排列而成，光线的波长是由连续性的能量来决定的，所以无法分成七种颜色。不过，因为我们的语言有与之对应的"红、橙、黄、绿、蓝、靛、紫"，于是我们就将彩虹分成了七种颜色。

女儿分辨粉红色这件事让我知道，就算是同样的词语，所涵盖的颜色边界也会因人而异。单词和分类——颜色的识别真的是一门大学问 [1]。

女儿也逐渐掌握了很多用来描述身体部位的词语，"肩膀""手臂""手肘""手指""肚子""屁股""脚后跟"……掌握了这些语言后，她也能更加细致地划分身体的各个部位了。

有一天，女儿指着自己身体上的各个部位向我连续发问："这是什么?""眼睛。""这个呢?""耳朵。"……我们玩起了问答游戏。然后，女儿又指着鼻子问："这个呢?"当我回答"鼻子"之后，女儿竟然说出自己的名字"这是 ××"。女儿当然知道"鼻子"这个单词，这回我有种被女儿将了一军的感觉（笑）。

· 育儿闲话

只要看不到我，女儿一定会问妻子："爸爸呢? 在上厕所吗?"说得好像我是家中的"厕所常客"。只要看不到妻子的身影，女儿则一定会问："妈妈呢? 在睡觉吗?"不过，大致来看，这两种说法都没错（笑）。

1　幼儿在 1 岁半到 2 岁的时期称为"命名期"，因为他们知道东西都有名字，所以会频繁地询问东西的名称。幼儿通过这些疑问而学会的单词会爆炸性地增加。在命名期，孩子的词汇量会增加 300 个左右。

脑科学小专栏 05

立体拼图和"心理旋转"

玩积木和立体拼图[1]对大脑的发育非常有帮助，因为这些游戏需要"立体空间"想象力。玩积木或立体拼图时，需要按照"想象""计划""执行""反省"的步骤才能完成。在每个零件都凌乱分散的阶段，"想象"一个大概的方向："要做出这样的东西。"然后针对这个目的加以"计划"，之后是实际"执行"，最后是回头"反省"结果是否成功。

工作、打扫、做饭——大人在实际生活中也会依循相同的步骤。正因如此，带有"想象""计划""执行""反省"这套初始体验的立体拼图，才会被视为帮助人脑发育的重要玩具。

事实上，培养立体空间想象力的好处不只如此，关键还可以训练"心理旋转"（Mental Rotation）的能力。

1　不是二维（平面）的拼图，而是三维（立体）的组合拼图。有些立体拼图有固定的成品形状，有些则是可以自由组合。

○ 心理旋转是"智慧"的基础

心理旋转是指，人可以在大脑中将物体自由翻转、观看的能力，这是我们的基础认知能力。如果无法做到心理旋转，我们从不同的角度观察某人时，就无法看出对方是同一个人，因为必须综合从各种角度看到的影像，才能知道自己看到的是"同一个人"（见第 99 页）。

让脑中的物体旋转时，大脑皮质的顶上小叶（Superior Parietal Lobule）会开始运作。这件事非常重要，因为顶上小叶是负责从各种角度来考察事物的大脑部位，这是一种将想象出的物体置于大脑内，一边加以旋转，一边从各种角度来考察的能力。比方说，足球选手在传出致命传球[1]（Killer Pass）时，他会以宛如由空中俯视球场般的视角，来掌握其他选手的位置关系。这种将视线放在自己身体之外的行为，也可以说是一种"灵魂脱壳"的状态。

像这样自由移动视角，不仅是足球选手必备的能力，也是"立体思考"的基础。立体思考大致分为"水平思考"和"垂直思考"。"水平思考"是将某个问题的解决方法套用在不同问题上的能力，是一种可以推测出"应该可以用解决这个问题的方法来解开那个问题"的能力。"垂直思考"则是彻底深入

---

1 指敌队无法预测，且对自己球队有利的关键性传球。

探究、思考问题的能力，亦即对某种现象进行"探究其背后隐藏的原理"之类的分析。两者都是以弹性的观点，亦即以自由移动视角为基础的思考力。而控制这种立体思考的就是顶上小叶，站在"他人的角度"来思考也是心理旋转的能力之一。会想到"这个孩子在伤心"是水平思考，也就是立体思考的一环。换句话说，心理旋转也和"体贴"与"共鸣"有关。

此外，"自制力"和"自我修正"这两种能力也会因为心理旋转而产生。例如，以旁人的角度来看自己，注意到"这就是我的缺点"而加以反省，或是发现"我很擅长这件事"的自我评价，这都是立体思考带来的恩惠。

换言之，心理旋转是人类成长的驱动力，也是人生的加速器。

"这个苹果和昨天放在桌上的苹果不一样""梨和苹果很像""苹果切开之后有芯，那梨有没有呢"……思考可以像这样不断延伸。换句话说，心理旋转是"智慧"的通奏低音（Basso Continuo）。我个人认为，积木和立体拼图可以有效培养心理旋转能力。

1岁9个月 "我"在哪里?

○ 就算听不懂, 也要回应 "是啊"

陪伴孩子成长, 经常会发现他们昨天还不会做的事, 今天突然就会了。那时, 我总不禁觉得孩子 "好厉害"! 前几天, 我参加了附近同龄孩子的家庭聚会, 我发现好多孩子的成长速度比女儿还快。

就拿某个女孩来说, 当她看到妈妈拿了爸爸的笔来用时, 会生气地说 "那是爸爸的", 她不想把笔的所有权转让给别人。至于我的女儿, 自己的东西被别人拿走时她会生气, 但别人拿走其他人的东西时她就完全不在乎。但相较于其他孩子, 我女儿会说出更多颜色的名称, 进度似乎比其他孩子要快。每个孩子的成长都有其不同的个性。

我女儿从上个月开始了解颜色的特性。最近, 她又知道了 "大" "小" 这些形状的附加概念。前几天, 她说出 "爸爸,下"，意思是在催促我先下楼梯。除了"上""下"这种位置关系，她也开始会说"前""后"。当女儿说"你看"，但我没有回头时，她会再追加一句"爸爸，后面！！"（笑）从发展心理学的角度看，这个时期的孩子是否真的能够理解空间的位置关系，还无法清晰确定，不过可以看到相关的迹象了。

女儿即将从"双词期"毕业。之前，她总是说两个词组成的句子，但最近她开始使用助词，更正确地依照语法来说话，也经常能说出用三个词或四个词造出的句子了。

不过，双词期时所说的话非常清楚且容易了解，反倒是最近，或许是因为她努力要说出复杂的句子，反而不容易让人听懂，语言表达似乎比以前差了。面对这样的句子，我总会下意识地反问："啊？"但妻子的态度就和我不同。她会带着微笑，温柔聆听女儿说的话，然后加以回应："是啊。"看了之后，我开始学习妻子，带着笑容回答"是啊是啊"[1]，而女儿也非常满意。不过，对话结束后，我和妻子通常会对看一眼，然后开始猜测："刚刚是在说什么呢？"（笑）

○ 学会站在"对方的立场"思考

在认识位置关系的同一时期，女儿出现了一些值得注意的

---

1 认真和孩子相处非常重要。言不由衷地敷衍回应不仅没办法沟通，或让他们安心，也有可能造成孩子对父母的不信任。

行为。她经常一边念着"咕噜咕噜",一边画出圆形,然后对我说"爸爸,你看",并把那张纸给我看。但是,她会把画的正面朝向自己,我只能看到纸的背面。

最近,她开始会把画转过来给我看了。或许大家会觉得这只是鸡毛蒜皮的小事,对我来说却是不容错过的大事。因为,女儿已经理解了"光的直进性"这一物理学原理。

我们之所以可以看到东西,是因为照射在东西上的光线被物体表面反射回来,进入了我们的瞳孔。如果有其他东西遮住光路,我们就看不到那个东西了。当女儿把画朝向我时,表示她已经理解了这种光线的物理特性,而且也了解"'自己看到的'和'对方看到的'不一样"。也就是说,她在大脑中想象了他人的视角,这也是"心理旋转"(见第 120 页)的应用。

以自己为中心的视角,专业术语称为"自我中心视角"(Egocentric);从外部看自己所在位置的视角,称为"非自我中心视角"(Allocentric)。"自我中心视角"看到的是东西本身,所以会随着视觉功能的发展而萌芽,而"非自我中心视角"并不是自己看到的景象,必须要让视角脱离自己的身体,将其置于外部。也就是说,女儿"把有画的一面朝向对方"的举动,正是"非自我中心视角"的萌芽。

在我看来,女儿画的画只是圆的集合体,但对女儿来说却是"蝴蝶"或"小狗"。所以,当她问我"这是什么"的时候，我都非常紧张。因为如果没有猜对，女儿就太可怜了，所以我通常都一边推测，一边用些许猜谜的口吻回答："这是××吧?"

· 育儿闲话 ·

出门散步时，女儿总是不爱牵手，想要一个人走。不过最近，她突然会自己来牵我的手，说："牵手——"我好久没听到女孩子跟我说这句话了（泪）。

1 岁 10 个月　第一次"说谎"

○ 学会"在哪里"和"是什么"

最近，家里的东西经常找不到。昨天，我家一大早就乱作一团——钱包不见了。因为飞机起飞的时间快到了，所以我从妻子的钱包里抓了几张钞票和一张信用卡就夺门而出。中午，妻子打电话到我出差的地方说："女儿把钱包拿出来给我，还一边说着'这是爸爸的。很重要'。"女儿把我的钱包藏在家里的某个地方，现在又从某个地方把钱包拿出来。之前，女儿会把各种东西藏在房间的缝隙、沙发后面、冰箱中等意想不到的地方[1]，但她会忘记自己藏在哪里了。这次的情况则不同，她记得自己把"什么东西"藏在了"哪里"，也就是说，她的记忆已经可以维持很久。她记住了自己把钱包藏到了哪里，所以

---

1 "藏"这个概念，是大人单方面的看法。女儿并不是真的想使坏，才把东西藏起来，她是在认真地游戏。女儿试着以物体的移动或交换，和这个世界沟通。

能够找到钱包并把它拿给妻子，不过，那时我已经出门很久了（笑）。

存储个人体验的记忆称为"情景记忆"[1]（Episodic Memory），情景记忆中至少要有"何时""何地""何事"三个要素。"情景记忆"这三个要素都成立的时期，大概是上学前后。上学之前的孩子，即使带他们一起去旅行，他们多半也不会记得。以我女儿来说，这三个要素中，"何时"这个要素还很模糊，"何地""何事"这两个要素应该多少了解一些了，想必她正处于"情节记忆"的准备阶段。

○ "说谎"是高等行为

这个月的关键词是"Perspective"，虽然翻译为"透视法"，但从脑科学的角度来说，它的意思是"视点""前瞻"，它是人脑对眼前没有的事物做预测的基础。

前几天，我们出去玩。我对女儿说："要回家喽，来穿袜子吧。"这时候，她拿起自己的袜子，藏在身后，然后说："袜子没了。"她还想继续玩，所以说了"袜子没了"这个"谎言"。另外，她将袜子藏在身后，说明她是在基于对方视野的基础上采取了行动。这一连串行为说明，女儿大脑回路中的

1　Tulving E, Donaldson W. Organization of memory. Academic Press, 381-403, 1972.

"视点转换"能力正在发展。

说谎是很高等的认知行为。之前，在上述的情况下，女儿通常会说："不要!"即用言语表达还不想回家这件事。这次，她把袜子藏在爸妈看不到的地方（她还不太会藏东西，所以实际上还是看得到），虽然她的大脑知道"袜子是存在的"，但嘴上说"袜子没了"。

人说谎至少要有三个要素。首先是"目的"，也就是想要做什么。其次是要认识到"自己知道真相"但"对方不知道"这种自他认知的差异。最后是必须能够为了达到目的，想出"让对方不知道真相"的"手段"，即"视点转换"和"前瞻预测"。如果这三个要素都符合了，但目的和手段不具有合理性、一致性，还是没办法说谎。也因为如此，说谎是很高等的认知过程。

对了，女儿说话时开始会使用过去式了。除了"吃"之外，也慢慢学会说"吃过了""吃掉了"。虽然她才刚学会动词的初级用法，但对时间的"视点转换"和"前瞻预测"的能力已经开始萌芽。人只有能够从自己现在所处的节点回溯时间，转换到过去的自己（不存在于眼前的"过去的自己"）的视点上，才会使用过去式。

把袜子藏在身后和会使用过去式，这两者都有"透视"事物的观点，即"视点转换"和"前瞻预测"。一般来说，掌握了"前／后""左／右"等空间性的观点后，接下来才能理解

"过去／未来"等时间上的先后顺序。"说谎"能够超越这种空间或时间的物理性制约，往心理上展开"视点转换"和"前瞻预测"。"对方不知道""事迹不会败露"，这些就是心理空间的"视点转换"和"前瞻预测"。

钱包被女儿找到后，我松了一口气。然而，没过多久，电视遥控器又不见了……我和妻子两人拼命找了许久还是找不到，心想说不定是几天前被女儿"藏"在垃圾桶中了，但昨天我们已经把垃圾丢了。

· 育儿闲话 ·

碰到喜欢吃的东西，女儿总是会耍赖地说："还要。"
之前，她感冒了，我喂她吃药，结果她依然说："还要。"（笑）

1 岁 11 个月　不管好还是不好，
都和父母越来越像

○　孩子的老师是谁?

　　女儿快满 2 岁了。回顾这两年，在孩子出生前后，我对时间流逝的感觉完全不同。大家都说，童年的时间过得很慢，越长大，时间就过得越快。但是，和女儿一起生活之后，我觉得自己似乎回到孩童时期的时间感，每一天都过得非常充实，感受最深刻的就是育儿的快乐。

　　最近，有些事让我觉得孩子真的在仔细观察父母。我曾经教女儿"不可以随便按"空调遥控器或音响遥控器的按钮。

　　一天，为了给女儿洗澡，我按下浴缸的热水的按钮，她马上瞪着我说："不可以!"女儿应该是发现父母做了她平常被禁止做的事，所以才生气吧。我感到有些惊讶，同时也想到"我可能也曾对自己的女儿摆出这样的表情说'不可以'"（笑）。

在被女儿模仿后，我开始反省自己的行为了。

父母做的事，不管好坏，孩子都会全盘吸收。说到这一点，自从女儿出生后，我就严格遵守红绿灯的指示。我本来不是一看到红灯就会停下脚步的那种人，但最近，在家附近的小巷中，就算没有车经过，我也会严格遵守红绿灯的指示。我跟妻子说："和孩子在一起时，就会对自己更加严格。"妻子却说："虽然你做得这么努力，但不管是谁，成年后总会有几次不遵守吧。"（笑）

妻子说的也就是所谓表面上和私底下的差别，我因为妻子的这句话而突然变得轻松，因为我发现自己太认真了。孩子会自己吸收信息，建立自己的价值观和道德观。换句话说，那些是她在成为社会一分子后，自然而然会从经验中学到的东西。所以，规范的来源不只有父母，还包括身边的大人、朋友或者书籍和媒体等。

然而我却误以为自己是女儿唯一的老师，我对自己的自以为是感到不好意思。

○ 可以灵巧地使用手指了

这个时期，我和女儿的对话比以前多，沟通的内容也更清楚了。当我在玄关说"我走喽"，女儿会说着"路上小心"送我出门。当我说"我回来了"，她也会说"欢迎回家"。我打喷嚏时，她则会说"还好吗"。乍看之下，宛如大人之间的对话，但实际上女儿并没有完全了解话中的意义，她应该只是配合情境，条件反射般地说出那些话。我想她可能有一张记忆清单——"在这种情况下，就要回应这些话"。

孩子通过这种表面上的"对话游戏"，某天就会掌握有真实意义的正式对话。为了打下语言沟通的基础，女儿正在不断模仿周围人的语言。

我之所以知道女儿只是在模仿，是因为我在和她玩猜拳游戏时观察到了一件事情。我们玩猜拳游戏时，女儿会说"爸爸输了"或"××（女儿的名字）赢了"，但她的话和真实的胜负情况并不吻合（笑）。也就是说，她单纯是为了配合当时的气氛，条件反射般地说那些话。

与之类似，当女儿说"路上小心"时，脸上的确是带着笑容。撇开父母的私心，冷静观察，我并不觉得女儿的话语是带有温暖情感的沟通，反而比较像机械信号通信。

无论如何，听到女儿说"路上小心"，我还是非常开心，会自然地露出笑容。这种笑容的交互作用，会鼓励女儿继续模仿，而且这种充满活力的循环，终有一天也会为这些模板式的对话添加感情元素。

喜欢玩猜拳和手指游戏的女儿，很擅长比"胜利"的手势。有一次，我问她"可以像这样让小指立起来吗"，说完我给她做了个示范，但要模仿这个动作对她来说似乎很困难。当她想办法要让小指立起时，手指就会发抖，其他的手指也会跟着动（笑）。努力了 5 分钟之后，她的小指终于立起来了，这样的训练可以让大脑回路变得更加精细。手指立起的瞬间，她非常开心，仿佛在说"这就是我想做的事"。这是"强化学习"（见第 136 页）的一种，开心地享受成就感可以促进大脑的学习。

现在，女儿用杯子喝水时，我发现她的小指会直挺挺地立着。事实上，我一直因为喝啤酒时小指会翘起来而感到不好意思。女儿这样的话，岂不是和爸爸一模一样了吗？得快点让她改掉这个习惯（笑）！

·育儿闲话·

女儿会用脚把沉到浴缸底部的玩具捡起来。虽然这动作不是很雅观，但一想到她已经学会扩展脚的使用方法，我忽然感到非常开心。

2 岁　对文字很感兴趣

○　会预先猜测是"温的"还是"冷的"

女儿 2 岁生日那天,我送了她一双筷子。那是一双像夹子一样,两根筷子上方彼此连接的幼儿学习筷。令人非常惊讶的是,女儿一开始就能用正确的方法拿筷子,然后顺利夹起了菜。我不禁感慨,现在的练习筷设计得真好。之前,看到我和妻子使用筷子时,女儿就一直想要有自己的筷子,虽然我因为觉得危险而没有给她,她还是很想尝试。现在,她却连味噌汤和茶水都想用筷子夹。如果告诉她"这夹不起来",然后把她的筷子抢下来,估计她会不高兴吧,所以我们就随便她了。

之前我曾经提到,女儿已经理解了"大和小""高和低""前和后""红和绿"之间的关系。这些现象的共通点是"一看就知道"。最近,女儿开始会表达"温暖和寒冷""轻和重"等物质的性质了。"温暖和寒冷""轻和重"等特性无法只用眼睛就能看出来，一定要触摸过之后才知道。

这里再详细说一下，例如触摸水的时候，我们说水是"温的"，意思并不单指水是温的，同时也在暗含一层意思：因为要触摸的是水，所以本以为它是冷的，但没想到是温的。同样，我们说"这个球很重"的时候，指的是本来以为很轻，拿起来才发现它"意外的重"。换句话说，描述物质的性质与描述外观不一样，会包含一种"与自己的预测不同"的意外性。我们在行动前，通常会在大脑中想象"一定是这么重，那么我就花这么多力气吧"，然后再调动肌肉去尝试，但结果实际的感觉比预测要"重"，需要花费更多体力。学会描述物质的性质，意味着孩子在培养一种能力，即把自己内心的预测和外在的现实世界加以比较，并了解其中的差异。

○ 数量增加后，就会变成"好多"

女儿现在对文字非常感兴趣[1]。文字原本就是人工产物，对大脑来说是非常不自然的工具。虽然自古以来每一种文明都有语言，但没有文字的文明也并不罕见。也就是说，文字并非文明发展或维持生命的必要之物。人类会对这种非必需的人工产

---

[1] 我认为，与学计算和认汉字相比，早一点儿把平假名（日语的表音文字）背下来会更好。当然，前提是孩子要感兴趣。文字是很方便的工具，掌握文字，世界就会瞬间变得更为辽阔。特别是绘本，比起"父母读给孩子听"，"孩子自己读"或者"孩子读给父母听"的效果会更好。详情请参阅第161页的内容。

物感兴趣，从某种意义来说非常有趣。

女儿开始学习英语字母和日语的平假名了。前几天，我们一起搭电车时，她开始读车内的广告文字。看到文字，她虽然可以读出"あ"（a）或"い"（i）等，但有时也会出现看不懂的字。这种情况下，如果我和她说"那是'か'（ka）"，她就会很生气，会一边用左手堵住我的嘴，一边用右手"啪啪啪"地敲我的头。我从来没有敲过女儿的头，没想到现在却被她敲了头（泪）。

不过，我完全了解女儿的心情。当答案卡在嘴边说不出来时，如果可以自己想起来，会有一种快感；若是别人直接告诉自己答案，自己总是会有点儿懊恼。同样的道理，女儿一定也觉得"自己读出来感觉比较舒畅"。

这个事实非常重要。刚刚我说到，"很重"等表达，能够描述出和预测的情形不一样的状况。事实上，若情况和预测不同，人脑会"修正"思考回路。相反，若情况完全符合预测或期待，人脑则会"强化"思考回路。这就是之前说的"强化学习"。强化学习，是大脑回路进行"学习"的根本原理[1]。

也就是说，能够使用"很重"这类表达，和因他人告知答案而觉得"愤怒"，这两件乍看之下没有关联的事，在孩子的大脑中却是共通的现象。

1　Sutton R S, Barto A G. Reinforcemet learning: an introduction. MIT Press, 1998. 详情请参阅第 229 页的内容。

说到文字，女儿对数字也很感兴趣，搭上小区的电梯后，她会看着楼层显示屏中变化的数字，念"1、2、3……"这些数字。我不知道她是否了解"1"之后是"2"，"2"之后是"3"这种顺序是依照数的大小排列的，我猜她应该只是"把数字的排列背下来而已"。

　　有一次我们出门，看到路边停了许多白色车辆。女儿说："好多白色汽车。"女儿似乎已经知道数字可以用来描述事物的数量，而且，当数字多到自己不认识时，就可以说"好多"，她的理解力似乎慢慢在进步。

　　当然，数字是很抽象的东西，有更高深的功能和意义。女儿目前还不会利用数字的便利之处。比方说，她虽然可以用"1、2"来数生日蛋糕上的蜡烛，却不会用同样的方式来数布偶。也就是说，她还没发现"数字的通用性"。

　　这个时期，女儿说的话也出现变化了。我看到狗，会对她说"有狗狗呢"，她会说"不是狗狗，是狗"，而且，她也会说"不是嘟嘟，是汽车"。她似乎已经开始脱离婴儿语了 [1]。

　　此外，她也可以说出像"红色汽车，跑掉了"这样的句子。相对的，一如"给我好吃的香蕉""借我小熊布偶"等句子，女儿的语言中也开始包含具体的指示方向。或许就是

1　像"嘟嘟"这类模拟声音的词语，统称为"拟声词"（Onomatope）。日语中有许多"啾啾""啪啪"之类的叠字拟声词。此外，还有"亮晶晶""软绵绵""黏糊糊"之类形容物体的性质，"咔滋！咔滋！""咚！咚！""慢吞吞"等形容动作的模样，以及"扑通扑通"等形容心理状态的词语，范围非常广，堪称世界第一。

因为如此，我们的沟通比以前更加顺畅，育儿也一下轻松了起来。不过，她目前正处于"不要不要期"，当她说"给我香蕉"，但家里正好没有她要的香蕉，那就会变成非常可怕的事情了（笑）。

·育儿闲话·

女儿会一边嘟囔着"咔嚓咔嚓"，一边用玩具菜刀切玩具蔬菜。某天，妻子在厨房切橙子，女儿问妻子："妈妈，你在咔嚓吗？"（笑）这是只有家人才听得懂的表达方式，孩子创造新词汇的能力真令人吃惊。

"不要不要期"与"有时限的耐心陪伴"

为什么孩子会有"不要不要期"(第一反抗期)呢?"不要不要期"可以说是孩子"单纯的愿望"和大人的"社会规范"(或者父母没有时间和物质条件不具备等限制)相互冲突的时期。

大家都说,"不要不要期"是孩子成为一个人的必要过程。事实上,这一点在科学中并没有被证实。不过,如果从成长过程来看,这段时期的确是孩子通过经验,学习"要提出多少要求,才会触碰极限"的好机会。

因为小孩不了解社会规范,所以行为举止会过激或失当。这种不适当的行动或要求,当然会和"社会"产生冲突。这个时候他们会经历周围人的反应和反击,同时学到"常识"。

尽管"不要不要期"有着这样的作用,但乘坐电梯时,如果电梯里有别的人按下了"关门"键,女儿就会闹脾气,仿佛在说："那是我要按的——"这是父母也无法防备的状况。对孩子来说，除了这样闹脾气之外，并没有其他方法可以表达欲望没得到满足的心情。

换句话说，闹脾气可以说是一种孩子因表达能力不足而感到焦虑的反应，也可以更进一步地解释成他们是在"试探父母"。他们在测试父母的忍耐力，即到底要做到什么程度父母才会生气；同时也在试探父母的包容力，并期待"就算我一直闹脾气，爸爸妈妈最后还是会来安慰我、抱抱我"。

孩子闹脾气时，到底是要纵容，还是要狠狠地制止，这是个难题。如果"不要不要期"具有"观察周围的反应，学习社会规范"的作用，那么与其忽视他们的闹脾气，不如明确地告诉他们"不行的事怎么样都不行"。

不过，我感觉自己属于"纵容派"。虽说是纵容，但我并不会全盘接受女儿的要求，而是会先仔细听她说话。女儿还没有足够的表达能力，但我会让她用自己的方法解释"为什么闹脾气"。我会尽可能让女儿清楚地表达出自己的想法，希望能通过这样的方式培养她应对状况、独立思考和忍耐的能力。

当然，在现实生活中，大人的世界里还有工作、家务等。如果每次女儿闹脾气，父母都耐心处理，可能就没时间洗衣或打扫，也没办法送她去托儿所了。因此，有时我也会以转移她注意力的方法来处理（见第 116 页）。或者，我会设定一个时限，在时限之内，竭尽全力、耐心地陪伴她，处理她闹脾气的行为，但时间到了之后，则会用明确告知规则的方式来强行结束。

虽然孩子闹脾气的心情还会持续一会儿，但他们其中的大部分人并不会受此影响。孩子的"记仇"和大人不同，他们不会记上几天或几周，而是更喜欢专注地活在当下。

第3章

2~3 岁
用身体、语言来沟通！

孩子越来越会说话，沟通也变得更顺畅了。

孩子如果能认得数字或文字，便能加以应用，比如开始数数，或仔细记住东西的名字。

孩子开始能够想象"对方的心情"，能够体贴入微，说谎的方法也更高明了。

* 参照日本厚生劳动省发行之《母子健康手册》

2 ~ 3 岁孩子大脑的发育过程

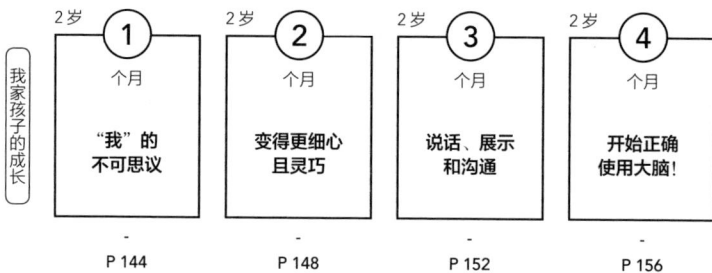

我家孩子的成长			
2岁 ① 个月	2岁 ② 个月	2岁 ③ 个月	2岁 ④ 个月
"我"的不可思议	变得更细心且灵巧	说话、展示和沟通	开始正确使用大脑！
- P 144	- P 148	- P 152	- P 156

一般的发展过程 *

一般的发展过程 *

· 爬楼梯时可以不使用双手
· 可以用蜡笔画出圆圈
· 想要自己穿 / 脱衣服
· 可以说出自己的名字
· 可以自己刷牙或洗手
· 会玩捉迷藏……

2岁1个月 "我"的不可思议

○ 通过"我"来深入探究自我

　　平常，女儿多半会用自己的名字来称呼自己，但有时也会用"我"来指称。这应该是托儿所的哥哥或姐姐说"那是我的"时，女儿模仿学会的。虽然有时会出现奇怪的用法，但大部分时候，她是可以正确使用这个字的。仔细一想，"我"真是一个不可思议的字——它在本质上有"相对性"。如果是人的姓名，不管是自己称呼，或是其他人称呼，都是限定指某一个人；但"我"这个字，当女儿说"我"时，指的是女儿，当朋友说"我"时，指的就是那位朋友。"我"所指称的内容，会随着现实情况千变万化。这是一个不了解事物相对性，就没办法使用的字。

　　之前，女儿会像"这是××（自己的名字）的玩具""这是太郎的玩具"这样，通过具体姓名的标签来区分自己和他人，但是加入"我"这个字之后，就可以像"从太郎的角度来说，这个玩具是'我的'"这样，将二人的关系相对化，进而加以识别。

女儿的几个变化都和能够使用"我"这个字有关。比方说，女儿生病了，我问她"哪里疼？"她会回答"肚子疼"。前面曾提过，女儿撞到头或夹到手指时会说"疼"，但现在，她已经可以用"疼"来描述位于自己身体内部的、从外面看不到的部位了。或许这就是因为知道了"我"这个字，所以她意识到了身体的相对化，进而发现了看不到的那部分"我"的存在。

○ 消防车是什么颜色？

早上，女儿玩起了过家家。以前她玩的过家家通常是哄小熊布偶睡觉，还帮它盖被子、唱摇篮曲之类的，但今天早上，她玩的是"幻想式过家家"。女儿端着充当托盘的烧烤网走过来，问我："爸爸，要吃吗？"因为网上什么都没有，所以我愣了一下，但她像是用手抓起一把空气，给我推荐说："这是面包哦！"我假装接过来吃了一口，女儿又问我："好吃吗？"说完，又把托盘（烧烤网）拿到屋子的角落，在上面装上了幻想的面包后给我端过来。

幻想式过家家也可以解释成是与自己的相对化有关的变

化。用"我"来称呼自己，相当于将自己抽象化。让"自己"从绝对性存在的实际物体中脱离，升华成没有实体的相对性存在。幻想式过家家就是没有实体的抽象游戏，女儿甚至还拿来了没有实体的"空气面包"。这种看待世界的角度的变化，都是经由"我"这个相对关系中的表达方式出现的。女儿的心已经从物理世界的束缚中解放出来，获得了精神层面的自由。

从这个月开始，我和女儿沟通的对话中包含了"交换条件"。之前，如果我说"要出去喽"，女儿会马上就要到外面去。可是最近，如果我说"擦了防晒霜才能出去哦"，她就能忍住，耐心等别人帮她涂防晒霜了[1]。她已经知道这是我们家外出的规矩了。我想，这也和她自己通过"我"把关系相对化有关。因为一旦理解了"相对"，就能理解与之意义相反的"绝对"，而规矩和约束正是包裹着自己内在欲望的绝对条件。

让我感受到女儿心中已经出现"绝对"这个概念的另一个成长现象，是她对"颜色恒常性"的理解。当我问很喜欢消防车的女儿"消防车是什么颜色"时，她会回答"红色"，但是当我问"阴影下的消防车是什么颜色"时，她却回答"黑色"。在阴影下的消防车看起来的确不是红色的。从光学角度来说，女儿的回答是"正确的"。

---

1 与他人的约定是学习"忍耐"的出发点，也是一种"间接的管教"。因为"擦上防晒霜→可以外出"的条件（规则），就相当于忍耐之后可以得到"奖赏"。这其中还包含"自制力"的雏形，具体请参阅第 228 页的内容。

大人根据经验知道事物在阴影下看起来会很暗，所以消防车即使在阴暗处，看起来也还是红色的。这种现象称为"颜色恒常性"。最近，不管是阴影下的消防车，还是晚间在路上看到的消防车，女儿都会说它是"红色"的了。她已经学会了颜色恒常性这种世界的不变性，亦即"绝对性"。这是人脑从眼前消防车的"具体视觉"中跳脱出来，出现了"红色消防车"这个理想形象的证据。

顺便说一句，女儿不想外出时，只要我提出交换条件"要不要出去，顺便绕道去消防局?"，她就会乖乖跟我出门（笑）。

· 育儿闲话 ·

女儿会擤鼻涕了。看到她用力擤鼻涕的难看模样，身为爸爸的我该不该感到开心呢（笑）……

2岁2个月　变得更细心且手巧

○ 了解"相同"与"不同"

女儿经常说"一样呢"。比方说，她会交替指着我和妻子手上戴的结婚戒指说"一样呢"；在路边的招牌上看到星状图案时，也会指着自己衣服上的星星标志说"一样呢"。当然，这种对"一致性"的理解，是上个月学会绝对性和恒常性之后才有的延续性发展。

最近一个比较大的变化是女儿可以很明确地表示否定了。比如我问她："肚子疼吗?"，她会说："肚子不疼。"[1]此外，如果我指着小猫布偶故意问她："这是小熊吧?"，她会加以否定："不，那是小猫。"

在这之前，从来没有出现过这么准确的否定。之所以能这

---

1 真的疼时会说"疼"。

样，是因为女儿已经清楚地知道了猫是什么样的存在。虽然猫也有不同的种类，但是在她的脑中，猫和其他动物已经有了明确的分界线，所以才能这么明确地否定，表达出"猫和熊不一样"。当然，这种能力和理解"一致性"是一体两面的。

像这样懂得"一致"与"否定"，或许也和开始识字有关。现在，女儿只会读"あいうえお"[1]五个字，不过就算看到笔迹或字体不同的"あ"，她还是知道那是"あ"。这就是一致性。能正确读出"あ"，而不是把它读成"お"或"め"（me），这是非常复杂的认知过程。

有些英语字母长得很像，比如"U"和"V"，"M"和"W"，"K"和"X"，等等。除了区分它们之间微妙的差别，当这些文字变化到什么程度就应该把它视为其他文字，也是识字时必须要了解的[2]。女儿在托儿所好像和大孩子们一起学了26个英语字母，所以我指着"C"故意问她："这是 O 对吧？"她的回答是："不，这是 C。"

除了文字，女儿也会把蚂蚁区分为"大蚂蚁"和"小蚂蚁"。不仅如此，她还知道花有"蒲公英"和"郁金香"等不同的种类。不只是文字，她越来越能够仔细区分其他事物了。这就是辨识"一致"和"差异"的能力在不断进步的缘故。

---

1 日语的五个元音 a、i、u、e、o 所对应的平假名。——编者注

2 可以将以各种字体写成的"あ"全部读成"あ"，便是基于人类认知的"模糊性"。详情请参阅第 99 页的内容。

○ 很会扣纽扣

女儿开始辨别左右了，这也是仔细区分的一环。在女儿 1 岁之前，我们就开始让她用右手（惯用手）拿剪刀和蜡笔。那个时候我们总是不断提醒她"用右手拿"，或许是这个原因，不知不觉间她已经能区分左手和右手了。

比如当我们一起外出时，女儿如果兴致高昂，就会一个人走在我们前面。这时，我总会清楚地跟她说"左转"，而她也能够转向我讲的方向。大人总觉得孩子应该还听不懂，所以只会用"这边""那边"等简单的词语来指示方向。事实上，孩子只是表达能力尚未成熟，很多时候他们的理解能力比大人想象的要强很多。

这个月里还有一个明显的变化，那就是女儿的手指变得更灵巧了。她可以非常灵活地使用五根手指，比如用手比出狐狸的形状来玩。女儿之前就很擅长转陀螺和穿珠子，但现在喜欢的是扣衣服上的纽扣，还有把拉链拉上拉下。只不过，她依然只想自己做，只要我或妻子出手帮忙，她就会生气[1]（笑）。

女儿也喜欢需要动手指的拼图。与之类似，她还会想要把

---

[1] 想自己动手的心理倾向称为"反不劳而获效应"（Contrafreeloading Effect）。相比不劳而获，大脑会认为通过劳动获得的东西比较有价值。比方说，让小孩在玩扭蛋机得到玩具和平白得到玩具两者之间做选择，几乎所有的孩子都会选择玩扭蛋机。不仅是猴子和狗，从鸟类到鱼类，几乎在所有动物（除了猫以外）身上都可以看到这种倾向。（参考文献：Tarte R D. Contrafreeloading in humans. Psychol Rep 49: 859-866, 1981.）

自己撕破的纸片拼起来。就连我们大人不小心打破了玻璃杯，她也想要把碎片拼拼看，哪怕根本不能恢复原状。女儿已经有了"想确认看看""想试试看"这种可以成为探究心基础的想法。

大家都说"活动手指可以让大脑更灵活"。从脑科学家的立场来说，我无法判断这个说法的真伪，但确实可以感受到这个月的两个变化，即"可以辨别细微的差异"和"手指变得更灵巧了"之间似乎存在某些关联。

在一次出游中，黄昏时分我和女儿坐在旅馆的门廊处看着天空。女儿用手指着月亮说"月亮"——她似乎已经知道月亮是什么了。不知不觉间，女儿已经可以区分月亮、太阳和星星了。不过，她还不知道白天看不到月亮和星星。

· 育儿闲话 ·

隔天早上，女儿又走到门廊，问道："咦，月亮去哪里了？"我从科学的角度加以说明："白天时，因为太阳太亮了，所以我们是看不到月亮的。月亮本身不发光，而是反射太阳光。因为是间接的光线，所以反射的太阳光照到地球表面后光量就不足了。"但是她似乎完全不感兴趣（汗）。

2岁3个月　说话、展示和沟通

○ 可以说很长的句子

　　女儿偶尔会说出四个词以上的长句了，比如"如果我扔鸡蛋，会破掉"之类的。也就是说，在理解了"因为自己的行动，会产生××结果"这种因果关系之后，从这个月开始，她可以用语言来表达和说明这些因果关系了。

　　之前女儿也可以说长句，但基本都是"那个，手手，有狗狗，粉红色的"这种意义不明的词串（笑）。应该只是听了我和妻子的对话后，想模仿说长句的感觉而已。事实上在那个时期，有清楚的含义、能够成为对话一部分的仍然只是由两三个词组成的短句。

　　和这件事有关的成长，就是她能够把果酱涂在面包上来吃了。女儿很喜欢草莓果酱，之前会直接用勺子把瓶子中的果酱挖出来舔，面包则是放着不吃（笑）。现在，她对事物的理解又深了一层。在她心中，"果酱是要涂在面包上的东西"这个规则已经定型，所以能够理解"因为果酱要涂在面包上，所以果酱要和面包一起吃"这个关系了。

或许也是理解这类因果关系的表现之一，女儿开始慢慢向我们汇报在托儿所发生的事情。我想这应该是因为妻子每天都会问她"今天在托儿所有发生什么事吗？"就像昨天，她还专门告诉我们"被××'咚'了一下，好疼。"此外，她也告诉我们在托儿所外面发生的事，比如"刚刚看到消防车了"之类的。过去，只有和女儿在一起的时候，我们才能知道她的动态，但慢慢的，已经可以知道自己不在时她都做些什么了。

这里要提一嘴。严格来说，身为脑研究者，我并不知道女儿说的事情有多大的可信度。一般而言，这个时期的孩子记忆中通常会包含一些虚假信息[1]。我的女儿也不例外，我不知道她的话里哪些是真的哪些是假的，所以女儿的这种进步解释为"让我们可以通过其他方式来确认事实"可能比较保险。

○ "你看你看！"开始有喜欢的东西

另一件让我印象深刻的事情，发生在女儿第一次穿裙子外出时。"裙子好可爱！"她开心地叫着，并且跑来跑去。之前她

---

1 Conway M A, Pleydell-Pearce C W. The construction of autobiographical memories in the self-memory system. Psychol Rev, 107: 261-288, 2000.

出门都是穿裤子。女儿似乎对服装也开始有了自己的喜好。

不过，事情总有不如意的时候。现在，女儿遇到未如她所愿的状况时，尚且可以乖乖听话。比如某天晚上她对我说"我要穿那件睡衣"，我虽然对她还记得几个月前冬天穿的衣服感到相当惊讶，但还是告诉她"不行"（因为是冬天的衣服），她马上就明白了。然而，我听其他父母说，以后孩子就会很任性地要求"我一定要穿这件"了。看来我们得先做好心理准备啊。

最近，女儿很沉迷于积木游戏。把积木堆得很高时，她就会说："你看你看！"虽然我也感慨她真是堆得越来越顺手了，但其实如果你一直看着她玩，就会发现她背地里失败了几十次，只有偶尔堆得很顺利时才会跟我说。女儿的大脑中已经有"完成了"的概念，也觉得完成是件很开心的事，会想和他人分享这份喜悦，所以才会出现"你看你看"这句话。这让我感触很深。

其实，说着"你看"，希望对方投来视线是人类特有的行为。其他动物彼此互视时，通常是把对方视为敌人。在野生动物的世界里，"看"就是锁定猎物，一旦视线相对，双方都会出现异常的紧张感，所以人类这种"要对方看他"的要求是很独特的 [1]。和其他生物不同，人类会将视线用在沟通上，受到

---

1 狗在和人视线相对时也会感到开心，但狼讨厌视线接触。（参考文献：Nagasawa M, Mitsui S, En S, Ohtani N, Ohta M, Sakuma Y, Onaka T, Mogi K, Kikusui T. Social evolution. Oxytocin-gaze positive loop and the coevolution of human-dog bonds. Science, 348: 333-336, 2015.）

注视并非是因为对方有敌意，反而是"喜欢"或"感兴趣"的象征。

曾经有这样的实验：准备两张陌生人的画像，让受试者长久注视其中一张，短时间注视另一张。结果，受试者对长时间注视的那个人抱有好感。这种情况下，无关对脸孔的喜好，受试者只要注视的时间一久，就有一定比例会对画像中的人抱有好感[1]。视线不只是善意的信号，也可以酝酿出自己内心的善意。

女儿穿上短裙或连衣裙时会特地来让我们看。人类似乎喜欢看，也喜欢被看。

· 育儿闲话 ·

女儿发现家里的狗狗在阳台上大便了，就对我说："大便，爸爸去扫。"虽然当天最终是妻子去清理的，但女儿似乎觉得清理大小便是我的工作（汗）。

---

1 Shimojo S, Simion C, Shimojo E, Scheier C. Gaze bias both reflects and influences preference. Nat Neurosci, 6: 1317-1322, 2003.

2 岁 4 个月　开始正确使用大脑!

○ 大脑的正确使用方法是"预测并加以应对"

某天早晨，看到我把东西装进公文包后，女儿就开始闹脾气说:"爸爸，不要去。"她应该是看到我在准备外出，知道我要去工作了。到了晚上，正要给她脱衣服，她又说:"我还不想洗澡。"平常总是脱完衣服就洗澡的女儿似乎在想"把衣服脱了之后就要洗澡，洗完澡后，就要睡觉了，但我还想继续玩"。

这个月的成长重点，总结成一句话就是"预测和应对"。"预测和应对"就是预测接下来会发生什么，并适当地决定该如何行动。一如我在第 92 页所写，这是人脑最重要的功能。

预测是动物的本质。虽然植物也有"发芽迎春"等现象，但那是只在预定和谐[1]体系中才成立的单纯现象，和我讲的

---

1 也叫"前定和谐"，语出自近代德国哲学家莱布尼茨的《单子论》。该词在日本的引申含义为"一切都按预定的过程发展，所有行动的结果也和预期相同"。——编者注

"预测和应对"属于不同的层次。个中差别与是否拥有"大脑"有关。大脑的本质就是预测后面会发生的状况并事先做好准备的"预测和应对",也就是"预见未来"再"制定策略"。一旦预先准备,等到状况真的发生时,就能按照预测的模式来处理,及早加以应对。开头的事例让我感觉到,大脑的这个功能已经更加清晰地显现在女儿身上了。

这个时期,女儿的捣乱行为也变得更高明了。以前,只要把点心和玩具放到她够不着的地方就可以。可是最近,她会把椅子搬来,站在上面拿藏在高处的点心。这是因为她"预测"把椅子搬来就可以拿到点心,所以就加以实践来应对了。在大人眼里,这仍然是低层次的"预测和应对",但它确实是大脑正确的使用方法。

预测是基于过去的记忆来进行的。正因为平常的记忆可以清楚地储存在大脑回路中,这样的智慧(即预测和应对)才能发挥出来。

○ 洗澡找妈妈,睡觉找爸爸

女儿喜欢和妻子一起洗澡,因为我帮她洗脸、洗头时,动作比较粗鲁,但妻子就洗得很轻柔。我一说"来洗澡吧",她就会说"不要爸爸,要和妈妈一起"(笑)。

但是,女儿会指名要我陪她睡觉。一个理由是她想睡觉时我会抱着她，而妻子一旦进入被窝，就会比女儿更快睡着——妻子的睡眠质量比女儿的还好（笑）。另一个理由是如果和我在一个被窝，我会问她今天发生的事，还会穿插着给她讲我自己编的故事。

不过，如果讲太多好玩的故事，女儿会变得更清醒，有时能躺一个小时，甚至两个小时都不睡觉。一旦没拿捏好这个度，后果则不堪设想，还会把我自己也弄得很累。可是如果和妻子轮流陪她，她就会说"我只要爸爸"。看来，她已经懂得依照不同的需求充分"利用"父母了（笑）。一想到这样是因为她已经具有预测未来的能力，我们也就想开了。

女儿说的话也有一些变化。前几天一起散步时碰到红绿灯，我问她："哪一种颜色的灯亮的时候不能过马路呀？"女儿回答："红色的。"对于这种简单的问题，只要回答一个词"红色"就可以了，但女儿还加上了"的"这个字，让我有点儿惊讶。她遵循语法规则来造句的动机似乎越来越强了。

另外，女儿还会打开矿泉水瓶的盖子，把手指伸进瓶口，然后说："因为很小，所以拔不起来。"我问她："什么东西很小？"她指着瓶子下方的水说："很小。"我猜她想说的是"很少"，而"拔不起来"这句应该是要说"碰不到"。也就是说，她应该是想表达"因为瓶子里的水很少，所以把手指放进去也碰不到"的意思。女儿试着从自己为数不多的词汇量中不断拼凑已经认识的单词，努力表达自己的想法[1]。

事实上，这也与预测和应对有关。正是因为预见了"水变少了，手指碰不到"，所以才会把手指伸进去确认看看。接着，她开始计划要表达这件事，但不知道"少"和"碰不到"要怎么说，所以她用语义很接近的"因为很小，所以拔不起来"来取代"因为很少，所以碰不到"。预测之后采取行动的能力，也发生在语言表达的探索过程中。孩子应该就是以这样的方法习得语言的吧。

女儿的"不要不要期"似乎已经结束了。或许是预测到就算抱怨也没有好处，而且如果一直闹脾气，迟早会被父母骂，所以心想"算了，随你们便吧！"（笑）

· 育儿闲话 ·

女儿非常喜欢穿裙子。坐在我肩上时，她会用裙子盖着我的头，说："看不见看不见。"这算是一种同乐吗？有点儿微妙（汗）。

---

1 像这样将认识的单词罗列出来使用的时期称为"罗列期"，是 2 岁 ~2 岁 6 个月的幼儿特有的行为。

掌握文字，世界才会变得更为辽阔

　　我认为"女儿自己读绘本"比"读绘本给女儿听"更重要。文字是很方便的工具，能够阅读文字，世界就会瞬间变得更为辽阔。

　　一如我后面在第 191 页写的，女儿还不到 3 岁时，我就开始教她平假名和片假名[1]。不过，刚开始按自己的想法教她时，她几乎没有回应，也记不住我教的东西，所以我暗自反省了一下这样的"精英教育"会不会太过了……或许我当时差点儿就变成了自己最不想成为的那种父母。

　　不过一个月后，女儿自己开始对文字产生了兴趣。一有兴趣，记得就快了。最初"强迫"她学习时，我觉得情况有点儿不妙，但现在想一想，或许当时让她接触文字还是有意义的。

1　片假名也是日语的表音文字。在日语中，同一个音节有平假名和片假名两种写法。——编者注

记住文字之后，女儿就对文字变得很执着了。特别是在她可以自己阅读绘本之后，如果我和妻子先读给她听，她还会很生气。

由于妻子坚持，女儿从 3 岁生日那天开始就每天写日记了。我们会先写下女儿讲的内容作为范本，然后她在旁边像抄写经书那样把文字抄一遍，内容诸如"今天唱了歌""和朋友一起玩了""下雨了"等。像这样通过模仿写下的句子，就是女儿的日记。

○ 大脑的成长，"输出"比"输入"更重要

相较于阅读这种"输入"行为，更重视自己书写这种"输出"行为是我和妻子共同的价值观。从脑科学的观点来看，表达、书写等"输出"也比阅读、聆听等"输入"更重要。

就拿学校的考试来说，学生在学习时，往往会通过多次阅读教科书或参考书来吸收知识，即重视反复地"输入"。可事实上，输入训练几乎没有效果，反而是不断回想已经记住的知识，或者做模拟题等"输出"更为重要。就算拼了命地把知识塞进大脑，如果无法在必要时想起，从外部来看，这也跟"不记得"没什么两样。自以为已经掌握的知识，如果在紧要关头无法想起来，就完全没有意义，所以"回想"这种输出训练非

常重要[1]。

一如我一再强调的，对学习来说，最重要的就是知识的输出。这在脑研究者之间是很知名的结论，但令人意外的是大家都没有在练习如何"输出"，反而比较重视重复阅读。

实际上，就算不断重复阅读，知识依旧不会稳固定型。这种说法或许和大家的直觉相悖，毕竟比起只读一次，读了两次之后，我们的阅读确实会更加顺畅，也更能理解读到的内容。

但是，有人做了一个有趣的实验：在受试者读完某本书一周后，针对该书的内容进行回忆测试。结果，不管是读一次或读两次，分数都差不多[2]，甚至读三次的也没什么变化。

重复阅读两三次之后，因为已经读熟了，人的阅读速度的确会加快。而且，读得很顺时，本人也会觉得"我懂了"，从而产生一种成就感。然而事实上，测试所得的分数是一样的——他们并没有记住读到的内容。

其实，这种"我懂了"的心理会妨碍学习。"我懂了"的心情可能会让自己觉得很开心、很舒服，但事实上，它有降低学习欲望的负面影响。因为对于已经懂了的内容，人们很容易

1　Karpicke J D, Roediger H L 3rd. The critical importance of retrieval for learning. Science, 319: 966-968, 2008.

2　Callender A A, McDaniel M A. The limited benefits of rereading educational texts. Contemp Edu Psychol, 34: 30-41, 2009.

就会认为"已经理解，所以不用再学了"。"我懂了"正是降低求知欲和停止思考的元凶。

再者，就算本人觉得"我懂了"，还是会有"是否真的理解"这个根本问题。自以为懂了，但事实上完全不懂的例子并不罕见。就学习来说，"我懂了"的心理有百害而无一利。

总而言之，"输入"确实没有效果。不管阅读几次，学习的效果都不会更上一层楼。如果有谁怀疑这个说法，那么可以去问问身边的人："你能说出离自己家或公司最近的一个设有灭火器或 AED（Automated External Defibrillator，自动体外心脏除颤器）的场所是哪里吗？"这是生活必备知识，而且因为这些设备都贴有醒目的红色标签，所以有的人一定看到过很多次，但令人惊讶的是，许多人都无法正确说出它们的位置[1]。也就是说，仅仅依靠自己"看到过很多次"的经验，无法形成固定记忆。多看几次就能记住的观点似乎自古以来便根深蒂固，但事实上对于学习而言并非如此。

此外，还有一个实验[2]：在屏幕上一个接一个地显示 30 个单词，请受试者记住这些词（当然无法全部记住）。然后，为

1　Castel A D, Vendetti M, Holyoak K J. Fire drill: inattentional blindness and amnesia for the location of fire extinguishers. Attention, perception & psychophysics, 74: 1391-1396, 2012.

2　Smith A M, Floerke V A, Thomas A K. Retrieval practice protects memory against acute stress. Science, 354: 1046-1048, 2016.

了准备第二天的测试，将受试者分为两组。让其中一组再看一次之前显示的单词，另一组则不看，而是让他们尽量回想刚刚看到的单词。对于第二组的回想结果，暂时不核对答案，就算想起的单词是错的也不用管。

第二天测试时，回想单词的那个小组所得的分数比看两次屏幕的小组还要高。这是因为再次浏览单词的受试者会一边看屏幕一边想"对，有这个词"，产生自己可以得分的错觉，实际上却什么也没记住，所以最终分数很低。这证明了只是再看一次并没有什么意义。

这个实验的有趣之处，在于分数较高的回想小组在回想后并不会核对答案。没有人当场告诉他们自己回想的答案是对还是错。

也就是说，学习并不一定需要"核对答案"。一般来说，如果每次都马上核对答案，学习的人就会习惯于让别人纠正自己，养成依赖于"看正确答案"的毛病。事实上，想要立即看到成果并不是一个好的学习方法。

所以，当女儿问我"这是为什么呢？"我并不会马上回答。我希望她可以先自己想想看，错了也没关系。即使是前往托儿所等熟悉的场所，我也不会单纯只送她去，而是会问她"在这个路口该右转还是左转？"让女儿为我带路。偶尔，我还会故意绕远路，一边在街上走着，一边尽可能让女儿给我说明"如果在这里右转，就会回到那条路上""如果左转，就可以早一点儿到"。

　　绘本也是一样，比起读给女儿听，我更重视让她自己试着去读的"输出"，哪怕出现错误也没关系。或是让她写日记、问她今天发生了什么事，尽量想办法增加女儿从大脑输出信息的机会。

2岁5个月　自由自在地转换视角

○　猜测对方的心思再出其不意？！

　　女儿越来越会说话了。让我不禁再度感慨"大脑好厉害"的是，女儿很自然地学会了动词的变化，她已经懂得在不同的情况下分别使用"回去""不回去""想回去""回去吧"这几个不同的语态。她开始根据语法使用变化复杂的词语，这不单单是模仿周围的人，而是很自然地形成自己的语法规则，并加以活用。

　　当然，因为是独属她自己的使用方式，所以有些也是不符合规则的，比方说，"好"这个形容词的否定形式是"不好"，但女儿会说"没好"。应该是挪用了"有"和"没有"的活用方式[1]。

1　到了2岁的后半时期，幼儿会慢慢进入"模仿期"。这个时期的特征之一是"发明新词语"，也就是按照自己的规则，创造出全新的词语和语态。

女儿这个月的关键变化是"可以自由地转换视角"。先给大家讲一个和转换视角有关的事。有一次我说"坐在这里吧",女儿却站着不坐。因为她期待我会有"快点呀,我不是让你坐下吗?"这样的反应,所以故意做出相反的事。这样的行为,不是从自己的立场出发,而是站在对方内心的视角,理解对方会产生哪些心思之后才采取的行动。这是融合了之前提到的"视点转换"与"预测和应对"的多层次行为。

此外,女儿在被批评之后,会笑眯眯地靠近我。应该是在讨好我吧,看起来就像"因为做了坏事被批评了,所以努力想改变对方的印象"。事实上,或许她只是因为爸爸原谅她了,心里很高兴才满脸笑容,但从某种角度来说,这也像是在猜测对方的心思。

传统的发展心理学教科书上说,可以站在他人的视角来思考是儿童4岁之后出现的能力,但最近的研究指出其实不到2岁时就可以在他们身上看到这种迹象[1]。女儿能够将自己的视角转换为对方的视角,再猜测对方的心思这种想法说不定只是我多心了,只是源自为人父母的"贪念",但那也是不可忽视的萌芽。因为"担心""关怀"和"体谅"等都需要猜测对方的心思,对于这类行为来说,思考对方的感受是非常重要的。

1　Onishi K H, Baillargeon R. Do 15-month-old infants understand false beliefs? Science, 308: 255-258, 2005.

○ 能够数数就可以独立了?

从几个月前开始,女儿就可以从一数到几十了,也可以念出写在纸上的数字。不过,那只是单纯的记忆,和理解"数字"是不一样的,所以她不知道怎么数随意撒在地板上的弹珠。她数一模一样的弹珠时,会说"1、2、3……好多好多",只要超过 3 个就会乱掉。不过这个月,她终于能够清楚地数弹珠了。

数数和语言语法的学习有关[1]。比方说,"3"除了能像"3个"这样代表事物的数量,也是"2 的下一个数字",而"2"是"1 的下一个数字",所以"3"还是"1 的下下个数字"。就像这样,"3"代表着"2 + 1","2"则代表着"1 + 1"。也就是说可以把"3"拆写成"(1 + 1)+ 1"这种嵌套结构。这种结构称为"递归",是数字本质中的本质。

这也和可以改变自己的视角有很密切的关系。

从"1"来看,下一个数字是"2"。如果将视角往前进一位,"2"的下一个数字是什么呢?这次就会变成站在"2"的视角来看,"2"的下一个数字是"3"。若将视角移到"3",下一个数字就是"4"……数数就是将视角一个接一个地向前移

---

1 Gelman R, Butter-worth B. Number and language: how are they related? Trends Cogn Sci, 9: 6-10, 2005.

动。这也是"视点转换"能力的循环应用[1]。

事实上，女儿的出其不意或讨好，都来自转换视角的能力，和她能够数数有密切的关系。

若这种能力继续增长，以后她就会想"如果一直数数，会数到多少呢?"而这个想法还会不断延伸，出现"沿着这条路一直走，会走到哪里?""蓝天的另一头长什么样子?"等问题。换句话说，她会注意到"无限"的不可思议。这全都是由"递归"产生的。更进一步，还会发展出"宇宙的尽头是什么模样?""如果持续不断地挖掘地球资源，最后会如何?""钱用完了会怎么样?""我的生命会永远持续下去吗?"这些成熟的思考。

递归是智力活动的基础。我曾经开玩笑地说"在3岁之前，幼儿的大脑不是人脑，而是猴子的脑"。我的意思是，3岁前的幼儿和猴子一样，只能很有限地"递归"[2]。

反过来说，数数对于人类也非常重要。身为脑研究者的我非常重视这件事，从女儿很小的时候开始，我就非常仔细、耐心地教导她"数"数。

当然，同年龄的小孩若还不会数数也没有关系，因为比起

---

1 Kleene S C. General recursive functions of natural numbers. Mathematische Annalen, 112. 1: 727-742, 1936.

2 Fitch W T, Hauser M D. Computational constraints on syntactic processing in a nonhuman primate. Scicnce, 303: 377-380, 2004. 在数数或计算时，必须了解数字的顺序和循环的概念，这一点非常重要，单单表面上的记忆完全没有意义。

小孩本身的能力，这和父母花了多大心思在这方面的教育上有更大的关系。女儿现在虽然会数数，但完全没有可以不用尿布的迹象。她的朋友都已经不用尿布了，她到底何时才能习惯用马桶上厕所呢？孩子的成长真的是各有不同啊。

· 育儿闲话 ·

女儿很喜欢裙子。我们去动物园时看到开屏的孔雀，女儿说："她穿了一件好漂亮的裙子！"这不禁让我觉得"我家孩子说不定是个诗人！"（笑）

2 岁 6 个月　越来越有个性了

○ 女儿是超级拼图天才！！

或许又是为人父母的"老王卖瓜"，请容我炫耀一下自己的女儿。女儿已经很擅长拼图了。尽管第一次拆开的拼图还无法拼出来，但是只要和我一起拼过一次，下一回，她很快就可以把一个多达 40-50 片的拼图拼好。就算我故意把中心附近的拼块打乱顺序交给她，或是拿给她时故意上下颠倒，她还是可以一一放在正确位置，水平远超过我。

这种能力称为"图像识别"，是某一时期之前的孩子特别擅长的特殊能力。

比方说，把草莓散置在盘中，有些幼儿可以瞬间答出草莓的数量是"17 个"或"23 个"。这也是图像识别，要想发挥这种能力是需要训练的。

不过，这种能力会随着孩子的成长而慢慢消失。或许是因为不管什么东西，都能像拍照一样记得一清二楚并没有那么实用。对大脑或神经来说，直接记下图像整体比较容易。让图像变模糊，或是将图像分割成几个部分，通过剪切和粘贴其中的部分来创造出全新图像的"创造力"则是难度极高的操作。

换言之，人类的能力若只着重在某个特定层面，未必能够持续"成长"，而是在整体平衡中进步或退步。女儿的这项技能，几年后应该就会消失。

○ 父母心是相当复杂的

女儿的自我意识更强了。外出时，她虽然一定会走在爸妈旁边，但总是不想牵手——因为她要自己走。她的好胜心也变强了，常跟我说"我们来猜拳吧！"明明连规则都不懂，所以不知道谁胜谁负，但每次都会很得意地说"我赢了！"（笑）

玩过家家时，女儿会强迫我演小婴儿。她有时跟我玩"躲猫猫"，有时还会摸着我的头说"痛痛飞走了呦"（笑）——女儿假装自己是姐姐，说话也温声细语，就像妻子对她说话时那样。她明明还只是个幼儿，却脱离了幼儿的身份，扮演起其他角色，我看了觉得实在相当有趣。

更让我感受到她自我意识增强的变化，是她偶尔会一个人睡。有一次，我问她："你可以一个人睡觉吗？"女儿很坚定地说："不要，我要和爸爸睡。""你已经是姐姐了吧。""嗯。""姐姐应该可以一个人睡哦。"这时她便很勉强地说:"嗯,那我一个人睡……"刚开始一个人待在黑漆漆的房间不到五分钟,她就在卧室叫我:"爸爸,过来——"我立刻到她的房间去。结果,那段时间还是每天都陪她睡觉了。

但最近,她晚上想睡觉时,就算爸妈不提,她也可以自己到卧室去一个人睡。

这是因为女儿有了"自己是姐姐"的自觉,再加上"因为是姐姐,所以必须自己一个人睡觉"的自尊心正在萌芽,亦即所谓"自制力"的萌芽。她勉强、忍耐的模样虽然让人心疼,但也展现了她的坚强。

随着自我意识的加强,她也逐渐展现出自己的个性。有一次,女儿和托儿所的小伙伴们一起搓月见团子[1]。盘子上,有漂亮的圆形糯米团,也有搓得稍微变形的糯米块,但女儿做的……是小到让人惊讶的糯米团!不,那个大小,与其说是糯米团,不如说就像红豆一样。"这是什么?"我问她。"这是做给蚂蚁的月见团子。"女儿回答。瞬间,我眼前一黑。其他孩子做的糯米团的大小与一般的糯米团无异,为什么只有女儿……(笑)

另外,在秋天的运动会上,女儿的朋友们在赛跑,她却一个人把放在操场角落的交通锥戴在头上玩,嘴上还叨叨着"帽

---

1 一种糯米团子。在日本,农历八月十五被称为"月见节",人们会边吃月见团子边赏月。——编者注

子!"明明旁边的孩子在没有轮到自己时，也会为正在赛跑的同伴们加油，但她……

更加独立和有创造力是令人开心的成长，只是身为父母的我们，对女儿正要开始发展的个性还是不免会产生"这样好吗?""还是要合群，不能太突出"的想法。

这时我也只能努力说服自己：希望孩子照自己教养的方式成长只是父母的"一厢情愿"，孩子已经开始选择她自己的方向了。

· 育儿闲话 ·

某天，我跟女儿说："一起玩吧!""不要，今天我要自己玩。"于是我只好低声下气地说："让我也加入嘛……"女儿才说："好吧。"女儿的地位远高于我这件事已经非常明显了（笑）。

2 岁 7 个月　开始有自制力，和尿布拜拜！

○　自制力是社会性的起源

　　这个月的大事件，是女儿开始不用尿布了。一天，我上班时收到妻子发来的消息："女儿会坐马桶了！"看起来妻子是相当高兴了，我也很开心地回了句："真的吗？！"

　　最近两个星期，女儿开始可以提前告诉我们她想尿尿。尿意和肚子疼一样，都是自己固有的内部器官的感觉，无法用眼睛从身体外部察觉。能感觉到尿意或肚子疼并告诉他人，并不是简单的事。慢慢地，女儿自己说"想上厕所"的次数也增加了，而我们也会特别注意，每隔一两个小时就让她去厕所。因为尿尿的间隔时间已经变得很长，所以我们想差不多可以不用尿布了。既然女儿会提前告诉我们她想尿尿，应该很快就能自己上厕所了。到了现在，白天时女儿已经完全可以不用尿布了。

这个月的成长关键词是"自我抑制力",也就是自制力。自我抑制力是参与社会生活的重要元素。

事实上,"社会性"的本质就是自我抑制力。因为自己一个人独处,和与他人在一起时的最大差异就是自制力。当有人和自己同处一个空间时,自己就会开始抑制独处时很可能会出现的"放屁"或"挖鼻孔"等行为。当然,"不大声讲话"和"不强迫别人接受自己的意见"也是自我抑制的一种。像这样压抑自我的感情和欲望,就是所谓的"社会性"。

大家都说,人是"社会性动物"。以生物学的角度来说,蚂蚁和蜜蜂也是社会性动物。不过,人类的社会性中,带有灵活的互相帮助和自发性的体贴等在其他生物身上很少看到的特点。从这个角度来看,"自制力"是谈论人类时的重要关键词。

"很想尿尿,但会忍耐到厕所才尿"这种行动抑制,以原始意义上来说,也是"自我抑制力"。上厕所乍看之下是单纯的行为,但事实上,这是在为适应社会做准备,开始将社会规则融入自己的日常生活。

女儿的自我抑制力开始显现在她生活中的各个方面。比方说,之前她玩玩具时,如果其他孩子说"借我玩"或是"玩具还我",女儿都会说"不要"。不只是自己的东西,别人的东西也一样,只要她拿到手上,就是"我的东西"。可是最近,她会说"那一起玩吧",开始和其他孩子一起玩玩具了。这也是稍微压抑自己的欲望，愿意和他人共享的表现。

此外，女儿很喜欢涂色画，最近她涂色的时候已经可以不涂到轮廓线外面了。像这种行动抑制，也属于广义的自我抑制力。

○ 因为哭了，所以要再洗一次？！

因为女儿的自我抑制力越来越强了，所以我和她的相处方式似乎也有些许转变。之前，让她看喜欢的 DVD，她总是没完没了地看好几遍。可是最近，如果我事先提醒她"看完一遍就去洗澡哦"，她看完之后自己就会告诉我"看完了"。我猜她应该还想再看一遍，但因为现在稍微能自我抑制了，所以可以"忍耐"。

此外，洗澡时我也可以感受到她的自我抑制力。女儿很喜欢泡在浴缸里，但不喜欢在淋浴时我用花洒给她洗脸。

某天洗脸前，女儿对我发表声明："因为我是姐姐，所以不会哭。"这实在太让我惊讶了。后来我就故意使坏，试着比平常更用力地给她洗，结果，她"哇——"地哭了。

可是，女儿竟然说："因为我哭了，所以要再洗一次。"她一说完，我就不由自主地狂笑。这次，我还是很用力地擦洗，她又哭了……紧接着又说："再洗一次！"明明就很讨厌那件事，却不断要求再来一次，这孩子真是不可思议（笑）。第三次我很轻柔地帮她洗，她终于满足地说道："这次没有哭了。"于是，女儿带着笑容进入了浴缸。

先不说这种不服输的个性像谁，就算是讨厌的东西也想积极接受，正是自我抑制力的延伸。虽然逃避也不可耻，但那样的话，心里始终会觉得很不痛快，所以会要求"再来一次"。我在女儿身上感受到了人类那种无法简单解释的复杂情感。

· 育儿闲话

婴儿睡觉时，两手会呈 W 状摆放，两脚则弯曲成 M 字形，姿势非常可爱。最近女儿睡觉的时候却是身体笔直，像木棒一般，感觉有点儿遗憾。不过当一家三口一起睡时，我的空间倒是变大了一点儿（笑）。

2岁8个月　过家家的方式更多元了

○ 拿着布偶，一人分饰两角

女儿很喜欢玩过家家。最近，她玩的方式改变了。不久前，她在过家家时是以自己为主体摆弄小熊布偶，对着玩具说"来，我们睡觉喽，我帮你盖被子""来吃这个吧"之类的，但是这个月，她会让登场人物变成两个。比方说，她会拿两个布偶，先让其中一个"砰"地打一下另一个，然后又扮演被打的那个布偶说："你干什么！好疼啊。"接着，又扮演打人的那个布偶向对方道歉，最后被打的布偶则说："嗯，没关系。"像这样，在游戏中创造对话。除此之外，她还会拿着两台玩具车，自己扮演两个角色，一边喊着"闪开、闪开""不要啊"，一边让两台车相撞。

这是她能更灵活地运用"视点转换"能力，更自由地转换视角的表现。以前，女儿会在自己和从自身角度看到的对方的世界，即第二人称的关系中编故事。最近，她则是脱离登场人物的视角，开始以第三人称来编故事了。以刚刚的例子来说，在故事的发展中并没有"我"。"我"成了一出由布偶出演的舞台剧的编剧和导演，本身就是独立于布偶的存在，同时还要从不同的立场出发驱使两个布偶。

像这样，女儿这个月的关键词是"习得多元视角"。

关于这件事，女儿玩玩具的方式也出现了值得注意的地方，那就是"假装游戏"。

之前，女儿会模仿大人，手上拿着电话说"喂"。最近，她运用事物的方法更灵活了，会把点心或小汽车当作听筒，贴在耳朵上说"喂"。我想她已经可以不受限于事物原本的用途，开始自由想象了。这也表示她能更加随意地转换视角了。

过去，女儿也曾以不同的方式玩玩具，但当时只是因为不知道那个玩具应该怎么玩罢了，如今则是更自由地发挥了想象力，才有了不同的玩法。而且，现在的她看着眼前的东西，还会自发地思考"这个东西可以怎么玩呢?"比方说像"来比赛看看哪一个可以滚得更远"这样，自己发明新的玩法。

这种富有弹性的想象力对大人来说也非常重要。例如，日元的千元纸币和百元硬币的价值可能依情况而定——如果是想打开硬得可以割伤指甲的易拉罐，百元硬币绝对更有价值。再比如报纸，除了读后能知天下事之外，也可以拿来包裹蔬菜、取暖，或是擦屁股，有各种使用方式。

这个年纪的孩子开始拥有针对各种状况，转换对事物看法的灵活的想象力。他们在为长大成人做准备。

○ 开始在托儿所分享家里发生的事

前几天，老家寄了苹果来。女儿非常喜欢吃苹果，妻子很快就帮她削好皮。女儿边吃边开心地说："谢谢，好好吃哦。"妻子也帮我削了皮。看到我直接吃苹果，女儿问："你怎么没有说谢谢?"好像是在说我怎么可以默不吭声地就吃了起来（汗）。我只能立刻反省……

最近，女儿会帮我跟妻子说："爸爸说'想吃饭了'。"这是不容忽视的变化。因为她不是告诉对方"自己想吃"，而是"爸爸想吃"。这也是第三方登场的多元视角活用。能够做到这一点，是因为她管理记忆的脑容量增加了，就算大脑内的登场人物变多，也不会感到混乱，仍然可以处理好。

女儿开始在托儿所说起我或妻子说过的话，以及在托儿所外发生的事情。某天，妻子去接女儿时，被平常很少打交道的所长专门"询问"了女儿在家时的教育情况。关于这件事，我其实大概猜得到为什么……

那是我带着女儿在家上厕所时发生的事。女儿虽然已经上完厕所并洗了手，但很喜欢厕所的她一直不肯离开，因此我说："爸爸差不多该去上班喽。"然后假装要关上厕所的门。结果，一个手滑不小心真的把门关上了，洗手间内瞬间变得一片漆黑！可怜的女儿哭了起来……"啊，对不起。"我连忙一边道歉，一边把女儿带出洗手间。

看起来，女儿应该是跟老师说了她曾经"被爸爸关在厕所里"（笑）。包括所长在内，托儿所的老师们都知道女儿的记忆越来越准确了，认为她未必是在说谎，所以才会向妻子询问到底发生了什么事。好在我们解释完，她们的疑虑就打消了。

我真想拜托女儿："以后说话可得小心一点儿啊，考虑一下大人们的难处吧！"（笑）。

· 育儿闲话 ·

女儿在果汁店前说："想喝草莓汁。"我回复道："马上就要吃晚饭了，忍耐一下。"结果女儿说："喝了会变成蝴蝶哦。"她似乎把自己代入了绘本《好饿的毛毛虫》的最后一幕。因为这句话，我只能"举手投降"了（笑）。

脑科学小专栏 08
才能与遗传、环境的关系

　　并非所有才能都是与生俱来的。不过，遗传确实会有所影响。

　　调查遗传影响的传统方法是双生子研究。该研究聚集了拥有相同基因组的同卵双生子和只有一半基因相同的异卵双生子，针对他们的才能和体质加以比较。因为也考虑到环境的影响，所以实验以在不同环境中成长的双生子为中心。借此，可以推断基因和环境的影响各占多少比例。

　　现在有更直接的调查方法，那就是基因检测。有些公司就提供这样的服务，只要你愿意将唾液样本送到他们那儿，他们就会给你检测基因。

　　通过这些大规模的研究，我们在一定程度上知道了基因的影响范围。不，这么说其实不对。在更具体的层面上，准确的说法是我们"几乎不知道"哪些基因和哪些才能有关系。

多种因素的复杂交错，导致我们难以解开其中的曲折。事实上，或许根本就无法解开。比方说，我们知道"绝对音感"可以遗传[1]，但并不知道哪些基因决定了它遗传与否。除了绝对音感，人的计算能力[2]、阅读写作能力[3]和外语能力[4]等，在某种程度上都和基因有关，但是几乎没人知道该检测什么基因。

○ "遗传"和"环境"的影响各半

我们以明显受到遗传影响的"绝对音感"为例进一步说明。一个人并不是只要拥有绝对音感的必要基因连锁群，就一定会有绝对音感。除了适当的基因，还必须具备环境因素，即在孩提时代接受过"相应的教育"。也就是说，如果没有接受绝对音感的训练，比如练习视唱（主要是读谱）或学习钢琴等，也不会拥有绝对音感。

归根结底，绝对音感是受基因和环境影响的"复合能力"。

1　Baharloo S, Johnston P A, Service S K, Gitschier J, Freimer N B. Absolute pitch: an approach for identification of genetic and nongenetic components. Am J Hum Genet 62: 224-231, 1998.

2　Alarcon M, DeFrie JC, Light J G, Pennington B F. A twin study of mathematics disability. Journal of learning disabilities, 30: 67-623, 1997.

3　Stevenson J, Graham P, Fredman G, McLoughlin V. A twin study of genetic influences on reading and spelling ability and disability. Journal of child psychology and psychiatry, and allied disciplines, 28: 229-247, 1987.

4　Ellis R. Understanding Second Language Acquisition 2nd Edition-Oxford Applied Linguistics. Oxford university press, 2015.

只拥有基因还不够，如果养育者没有提供适合的环境，孩子的才能就无法发挥。

有些才能是像绝对音感这样，必须同时具备合适的基因和适当的环境才能发挥出来，但也有很多才能受基因的影响很小，环境才是决定因素。

因此我估算，就整体而言，基因和环境的影响大概各占一半。

我去检测自己的基因时发现了惊人的才能。检测者说，我的基因可以让我练就出世界级短跑运动员那样的肌肉。回想初高中时期，我的短跑和跳跃能力确实非常好，运动会时也曾代表班级参加接力赛跑。难道说，我也可以成为优秀的职业运动员？！其实，这只是一种自以为是，实际上是不可能的。因为我并不喜欢体力活动，更不用说加入运动社团了。当时，我参加的社团或俱乐部都是文化类的。

要想让基因赋予的才能发挥出来，必须具备以下几项要素：①反复训练；②成绩能够通过训练来提升；③兴趣；④坚持不懈的毅力。这些要素的相互作用让人很难对基因的影响得出一个清晰的结论。

○ 幼儿期多体验，才能培养出优秀的反射力

我认为"有才能的人"，就是很善于使用"反射力"的人。

所谓反射力，就是可以针对当下状况自发且快速地做出合理判断的能力。举例来说，就是遇到挫折时可以迅速想到合适的对策来突破难关，与他人发生争执时也能马上知道要如何沟通才能和平解决问题。

换言之，所谓反射力，就是在某种状况下大脑开始下意识运转，通过自动计算找出正确答案的能力。要想快速而正确地反射，必须长期不断积累经验。经验越丰富，反射的质量就越高。

职业棋手能迅速想出下一步棋该怎么走、经验老到的古董商一眼就能看出茶杯的价值——这些"直觉"都是多年经验累积出的自动反射。一旦拥有优秀的经验，自然也会成为拥有优秀反射力的人。

因此，对育儿来说，最重要的就是"让孩子有好的经验"。比如，不只是阅读恐龙图鉴，还要带他们前往博物馆去看真的化石；不只是在游泳池里游泳，还要让他们沐浴在森林的溪流中；不只是使用数字视听软件，还要带他们接触真实的舞台、演奏或美术作品，等等。

或许有人会觉得"我们家的孩子还小"。的确，幼儿期的孩子没有能力跟身边的人表达他们的所思所想，所以大人会觉得"孩子并不怎么思考"，但是如果观测他们的脑活动，就会发现完全不是这么一回事。对于各种各样的事情，孩子都在感受、在吸收[1]。

　　诚然，因为发育中的大脑并不擅长情景记忆，所以孩子长大成人之后，意识中并不记得那些经验[2]，但那只是表象。人类幼儿时期的体验会以体感的形式残留在无意识的大脑神经回路中，孕育出直觉力和反射力[3]。

　　关于"经验"，我还想补充一些说明。曾经有个实验[4]，让小鼠幼崽在成长过程中只听"La"音，成长为一只大脑对"La"音反应很敏感的小鼠，换句话说就是听"La"音的"专家"。之后再让它听"Mi"音，就会发现它的大脑对这个音反应不大。如果在只有"La"音的世界中成长，就不知道"Mi"音是什么。要想知道"La"音真正的意义，必须有聆听"So"或"Si"等"La"之外的声音的经验。

　　换言之，刚刚所说的有"好的经验"，并非仅指"高品质的

1　Paterson S J. Heim S, Friedman J T, Choudhury N, Benasich AA. Development of structure and function in the infant brain: implications for cognition, language and social behaviour. Neurosci Biobehav Rev, 30: 1087-1105, 2006.

2　这种现象称为幼儿期健忘。比如带他去旅行，一年后他连旅行这件事都会忘记。（参考文献：Madsen H B, Kim J H. Ontogeny of memory: An update on 40 years of work on infantile amnesia. Behav Brain Res, 298: 4-14, 2016.）

3　(1) Li S, Callaghan B L, Richardson R. Infantile amnesia: forgotten but not gone. Learn Mem, 21: 135-139, 2014.
(2) Travaglia A, Bisaz R, Sweet E S, Blitzer R D, Alberini CM. Infantile amnesia reflects a developmental critical period for hippocampal learning. Nat Neurosci, 19: 1225-1233, 2016.

4　Han Y K, Kover H, Insanally M N, Semerdjian J H, Bao S. Early experience impairs perceptual discrimination. Nat Neurosci, 10: 1191-1197, 2007.

经验"。大脑会通过多种多样的经验来培育出理解差异的能力。

关键是要创造环境，让孩子以适合自己的方式克服弱点。

只有极少数人能够彻底发挥与生俱来的才能，成为顶级职业运动员或世界著名艺术家。对于某些职业来说，有一项突出的才能可能很重要，但如果用山来比喻，这就是一座陡峭的山壁，虽然很棒，但换个角度想，也可以说是"只有这种才能而已"。

就更为普遍的情况来看，有平缓的原野才能成就高山。在发挥专长的同时，投入热情到不擅长的事中，不断扩展这片地基也很重要。擅长的事就算不多费力，也会慢慢进步，我们只要不动声色地予以支持就行；相反，对不擅长的事则要花上比擅长的事多出好几倍的时间。当然，前提为不能是本人极端讨厌的事。

不能因为孩子好像没有才能而早早放弃，而是应该精心养育。我相信，从"培养各方面都很均衡的人"的角度来看，这才是教育的出发点 [1]。

1　养育子女没有标准答案。我说的这些并不是科学研究的结论，充其量只是我过去二十年在教育一线指导学生的经验之谈，是非对错还请读者自行判断。再者，欧美已经开始根据近年的专业研究结果，从学术的角度重新考察儿童教育中应该重视的要素。（参考文献：Skills for Social Progress: The Power of Social and Emotional Skills. OECD 2015. ）

2 岁 9 个月　回应期待，解锁搞笑技能

○ 对谐音很感兴趣

被别人问"你几岁了"时，女儿已经可以回答"2 岁 9 个月"了（笑）。我想她应该还不知道"×个月"的意思，只是单纯把它背下来了而已。

有一次，我和朋友聊天时被问到"××（女儿的名字）已经 2 岁 8 个月了吧?"结果，一旁的女儿插话道："不对，是 9 个月!"（笑）。虽然不是在跟自己说话，但女儿发现大人正在谈论自己，且内容有误，所以就来"纠正"了。我发现她理解语言的能力又进步了[1]。

有时，女儿还会说："××（女儿的名字）是'わたし'，

1　接近 3 岁时，孩子可以记下大约 1000 个词语。这个时期称为"模仿期"，顾名思义，就是会经常模仿周围人说的话。"仔细聆听"身边的对话，对模仿来说是必要的过程。

爸爸是'ぼく'。"[1]女儿发现她是用"わたし"来称呼自己,但爸爸是用"ぼく"来称呼自己,所以特地指出这个差异。这表示随着语言理解能力的提高,女儿不仅知道了自己和对方是不同的存在,还知道了自己和对方在属性和特征上也有所差异了。

这个月女儿最大的变化是"预测对方反应的能力"更强了。比如,她会说"夏天吃布丁,蚊子就不叮"这种不知道从哪里学来的谐音笑话(笑),并期待对方有所反应。她似乎能留意到谐音就发音相同或相似,但并不觉得那些谐音很有趣,只是因为那么说了之后对方就会笑,所以才会为了回应这种期待而说那些话。而且,女儿说的时候用的还是和平常明显不同的滑稽语调,所以我总是忍不住笑出来。

同时,随着越来越能感知到他人的期待和了解社会习俗,女儿还会故意让大家的期待落空,并为此感到开心。在我家,当一方说"对不起"时,通常另一方都会以"没关系"来回应,但是当我跟女儿说"对不起"时,她却故意说"我生气了"(汗)。

此外,女儿还做一些故意让父母生气的事情,比如看到父母慌张地说"再不出门就来不及了"时,她反而会故意慢慢穿衣服,或者把鞋子的左右脚反过来穿。妻子对这样的行为很

---

1 "わたし"(wa ta shi)和"ぼく"(bo ku)都是日语中的第一人称代词,前者男女通用,后者则多为男性使用。——编者注

恼火，但女儿则毫不在意地说："为什么要这么生气?"（笑）。能意识到自己和对方是不一样的人，心理状态也有所不同是好事，但看起来女儿还不懂得体谅别人的心情。我会等她慢慢长大。

○ 什么时候、对什么感兴趣，每个人都不一样

换个话题。这件事发生在和我姐姐及她的家人一起过新年时。姐姐有一个比女儿大一岁的女孩，也就是女儿的表姐。那个孩子似乎已经可以读/写所有平假名了。恰逢新年假期我有一些空闲，所以和女儿一起以脑研究游戏的形式做了个小实验。

女儿在半年前对英语字母有了强烈的兴趣，虽然没有专门训练，但等我察觉时，她已经能把 26 个英文字母全记住了。因此，就像第 160 页的专栏中写的那样，我想试试女儿是否也可以把平假名都记住。

我让女儿看网上免费的平假名教学视频，她看得津津有味，非常入迷。"照这样下去，或许她很快就能记住平假名了!"我心想。结果，没想到女儿感兴趣的只有看视频，对真正重要的内容毫无兴趣，甚至完全没有想去记平假名的迹象……

可是，与此同时，喜欢数字的女儿已经会做类似加法的计

算了！当我问她"2 加 3 等于多少"时，她会让右手竖起两根手指代表 2，左手竖起三根手指代表 3，再一根根数竖起的指头"1、2、3……"，然后告诉我总数是"5"。我想她是在模仿我之前做的事，所以又问她："那 4 加 3 呢？"果然她又一根根竖起手指头来数。因为无名指很难竖直，她的手指一直发抖，计算起来非常花时间（笑）。

通过这个月的实验我发现，大脑能记住什么知识，取决于它是否已经准备好要接受那些知识。这让我再度深切地感受到，每个人的成长过程都不一样。用专业人士的话来说，就是"机遇青睐有准备的人"[1]。只要本人没兴趣，不管怎么努力，学习都不会有进展，揠苗助长也无济于事。

· 育儿闲话 ·

妻子进入孕期的最后一个月了。女儿看着妈妈变大的肚子说"里面有小婴儿"，又指着我的肚子说"爸爸的肚子里有……大便！"。虽然说得也没错啦，但……（笑）

---

1 Manchester K L. Louis pasteur (1822-1895) --chance and the prepared mind. Trends Biotech, 13: 511-515, 1995.

2 岁 10 个月　懂得体贴别人了

○ 女儿是"骗子"？！

我的二女儿出生了。对我来说，感觉和第一次迎接大女儿时一样新鲜。隔了许久才又看到小婴儿，我还是觉得她"好小、好脆弱"。大女儿现在很喜欢妹妹，从托儿所回家后的第一件事就是问"宝宝在哪儿？"

我在大女儿身上看到了明显的成长，其中之一是"说谎"。在她快满 2 岁时，我们出去玩，她不想回家，就把袜子藏在身后，说自己没有袜子（见第 127 页）。这次，谎言又稍微复杂了一点儿。

女儿不听话时，我偶尔会吓唬她"我叫妖怪来抓你"，然后用手拿起电话假装要拨号。某天，因为女儿不想整理玩具，我就又说："我来问问妖怪，看你是不是好孩子。"同时假装要打电话。坐在我旁边的女儿见势不妙，立刻喊道："我已经整理好了!"声音大得仿佛生怕电话那头听不见似的。

女儿是觉得"虽然爸爸知道我没有整理,但在电话另一头的妖怪可看不到",所以才会对妖怪说谎。这不是一对一的谎言,而是加入了第三个角色的谎言。换言之,这个谎言的前提是意识到自己以外的其他人都有独立的意志和思想活动,并据此做出了判断。她是理解了哪种状况对自己有利,并思考如何行动最妥当之后才说的谎。

女儿"成了骗子"虽然让人有点儿悲伤,但我还是为她这种高质量的成长感到开心。不过,玩具没有整理的问题最终还是没有解决(汗)。

"说谎"变厉害的证据不止于此,女儿还开始会确认我或妻子是否在说谎了。

为了确认女儿是否真的明白事理,我有时会故意说错误的话,算是一种"白色谎言"吧。就像第148页提到的,我会拿着小猫布偶跟她说"这是小熊吧",这时女儿就会否定地说"不,那是小猫"。经过这样的测试,就可以确认女儿能够分辨猫和熊。

之前,女儿对自己无法判断的事,会给出一个模糊的答复,但最近她会确认了,比如问妈妈"爸爸说××,是真的吗?"

这样的咨询是基于她认知到"自己会说谎",所以推测"别人应该也会说谎"的高超技巧。女儿也曾经问我妻子"妈

妈，妖怪真的会来吗?"（笑）

换个话题。女儿最近已经可以自己穿衣服了，还会让我前
后左右地检查她的衣服是否穿好。这种特地来确认的行为，是
因为她发现自己是"会犯错的人"。我感觉这些小细节，也和
她能够站在多元视角来说谎有关。顺带一提，女儿穿鞋时虽然
不会弄错左右脚（除了故意弄错之外），但还很难区分出袜子
的左右脚。

○ 若无其事地帮忙

最近，我也开始感受到女儿的体贴了。从托儿所回家的路
上，和我手牵着手走路的女儿会突然说"我帮你拿!"然后就
用另一只手把我的包拿过去。

我们就这样走到斑马线前。因为女儿帮我拿着包，我得以
空出一只手，但她就腾不出手了。因为我之前教过她"过马路
时手要举起来"，所以我想看看两只手都没空的女儿会怎么做。
结果，她催促我说:"爸爸，你代替我举手。"之后又追加了理
由:"因为××（女儿的名字）拿着包包，所以没办法举手。"

女儿知道交通规则，因此想出了一个自己无法遵守规则时
的方案。这正是"预测和应对"。"说谎"也属于"预测和应
对"的范畴。这些灵活处理事情的能力，正在一起萌芽。

女儿以前就很喜欢帮忙，但那只是"因为自己想做"而

已，这次帮我拿包感觉有点儿不一样。几天前，妻子在厨房忙得晕头转向时，她也在一个恰当的时机伸出了援手。这样的体贴与温柔，应该和妹妹出生有关吧。在女儿身上，注意到并帮助有需要的人，慰劳他人的辛苦等考虑到他人的行为突然变得非常明显。

女儿马上就要3岁了，差不多该进幼儿园了，而她也逐渐具备在人类社会中生存的重要条件。

·育儿闲话·

"要冲马桶哦。"我这么提醒女儿。"不是马桶，而是冲尿吧?"女儿回答。我不禁回应："是，对，没错……"虽然有点儿憋屈，但女儿确实是对的（笑）。

脑科学小专栏 09

"独生子女"和"非独生子女"

2017 年，日本的生育率[1] 是 1.44。生育率指的是平均一名女性一生中所生育子女的总数。如果这个数字降到 2 以下，就表示日本人口正在逐年减少。

除了 1966 年那次特殊情况之外，日本直到 1975 年，也就是第二次婴儿潮之后，生育率才降到 2 以下（见图 2）。这并不是说在那年之后，日本的人口马上就开始减少了。人口自然变动是受"出生人数"和"死亡人数"共同影响的。1975 年之后，因为医疗水平大幅提升，日本逐渐步入高龄化社会，因此就算生育率降到 2 以下，人口也没有马上减少。直到 2015 年，日本全国人口普查（即日本国势调查）结果才首次显示了

---

1 严格来说是"总和生育率"（Total Fertility Rate），指的是从 15 岁到 49 岁的女性的生育率总和。细分的话，它包括"时期总和生育率"（某段时期的生育率总和）和"同龄组总和生育率"（历年累加的同年龄层女性的生育率总和）。

人口减少。出生人数少于死亡人数是这几年才开始的。

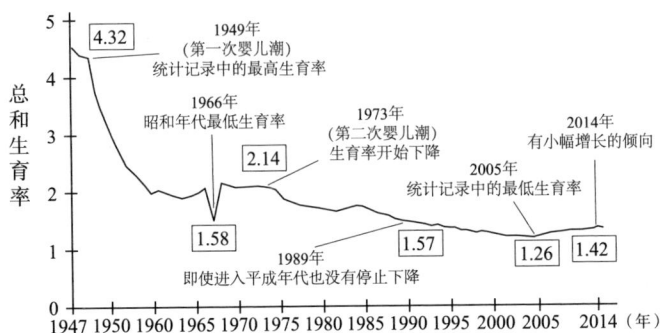

图 2　总和生育率的年度变化

摘录自日本内阁府 2016 年度《少子化社会对策白皮书》

可能有人会觉得生育率都降到 1.44 了，应该大部分家庭是独生子女吧。这种想法是错误的，有一项调查显示的便是每对夫妻所生育的子女总数——终身生育率[1]（见表 1）。

从表 1 中我们可以看到，独生子女的比例确实增加了，但根据 2015 年的调查，75% 的夫妻生育了两名及两名以上的子女。

生育率降低的原因，主要是单身人口增加了。根据日本国立社会保障／人口问题研究所发布的数据，2015 年，日本男

1　这里指的是有 15 ～ 19 年婚龄的夫妻所生育的平均子女数。

性的终身未婚率[1]为 23.37%，女性的为 14.06%（见表 2）。不结婚的理由以"想确保金钱和行动自由"居首。

表 1　日本 1977 年、1997 年和 2015 年的终身生育率

调查年度	终身生育率（人）	细分（%）				
		0 人	1 人	2 人	3 人	4 人
1977 年	2.19	3.0	11.0	57.0	23.7	5.1
1997 年	2.21	3.7	9.8	53.6	27.9	5.0
2015 年	1.94	6.2	18.6	54.1	17.8	3.3

摘录自日本厚生劳动省《第 15 次出生动向基本调查》

表 2　"终身未婚率"和"平均初婚年龄"的资料

调查年度	终身未婚率（%）		调查年度	平均初婚年龄（岁）		（资料）女性平均生育年龄（岁）		
	男性	女性		夫	妻	第一胎	第二胎	第三胎
1980 年	2.60	4.45	1980 年	27.8	25.2	26.4	28.7	30.6
2000 年	12.57	5.82	2000 年	28.8	27.0	28.0	30.4	32.3
2015 年	23.37	14.06	2014 年	31.1	29.4	30.6	32.4	33.4

"终身未婚率"摘录自日本国立社会保障 / 人口问题研究所《2017 年人口统计资料集》

"平均初婚年龄"摘录自日本内阁府 2018 年度《少子化社会对策白皮书》

---

[1] 到 50 岁为止没结过婚的人所占的比例。

若把视野放到全球，目前世界总人口数为 74 亿[1]。到 22 世纪前，这个数字估计会突破 100 亿。不过，人口增长速度正在呈现整体减缓的趋势。换言之，"人口爆炸"的时代已画上句点，我们正在进入一个"稳定期"，向人口稳定状态迈进。

物种的个体数会依循 Verhulst-Pearl 方程而变动[2]。这个术语看起来似乎很难，事实上它的原理非常简单，那就是"如果环境容纳量还有富余，物种个体数就会增加，反之则会减少"。人也是生物，当然没有例外。如果日本人口超过日本这个环境所能容纳的总量，它就会开始减少，这是自然规律。

一项针对夫妻的问卷调查显示，"经济压力"是他们不想生孩子或只想生一个孩子的主要原因。这和刚刚提到的单身人士的未婚理由类似。以普通家庭来说，一生中占比最大的支出就是住房支出。没错，土地和房子的价格太高了，这正好证实了现在的日本"人口过多"，没有足够的地方用来居住。

生育率已经到了 1.44 的日本，如果人口持续减少，将来便会有多余的土地，地价也会下跌，住房支出将不再对家庭经济造成压力。换句话说，少子化应该会踩刹车。这也是自然规律。一旦进入这样的时代，人们的生活环境应该会好转，比如

1　截至本书日文版第 1 版的出版时间（2017 年）。——编者注

2　Rearl R, Reed L J, On the rate of growth of the population of the United States since 1790 and its mathematical representation. Proc Natl Acad Sci USA, 6: 275-288, 1920.

能够居住在步行即可到达工作地点的房子里。

但事情没那么简单，因为少子化会造成劳动人口减少，进而出现生产线和服务业恶化、国内消费停滞和养老金制度崩溃等与社会危机密切相关的问题。

不过，也有专家认为，这些问题只要改善社会制度就可以解决。比方说，仅是为女性和老年人提供平等的就业机会，就可以让劳动人口比现在增加一倍[1]。

每个人都有自己的人生，结婚生子也是个人自由。个人价值观不应被他人意见或社会趋势所"亵渎"。人生只有一次，请务必用自己可以接受的方式来生活。

鉴于此，如果让我说一下个人感想，我想说的是："养育子女真的很开心！"家里有孩子带给我的是过去完全无法想象的美好和惊喜。光是看着两个女儿睡觉时的脸庞，我便觉得无比幸福，完全可以弥补失去的金钱和自由[2]。

日本的社会制度今后会如何发展呢？如果有人想生孩子，却因社会原因不能生，那就是一个问题。我们不能觉得事不关己，这攸关下一代的未来。毕竟，现在的许多孩子还有百年余生（见第 57 页）。

1　顺带一提，在瑞典或挪威等男女雇用率差距较小的国家，男女平均寿命的差别比日本的小。

2　当然，我也了解虽然很想要孩子却一直迫于生计没有生育的夫妻的心情，我们夫妻结婚之后的十一年里都没有要孩子。

2 岁 11 个月　3 岁是第一个转折点

○　支持一生的基础已经奠定

　　因为妻子的精力都花在照顾还是小婴儿的二女儿身上，所以我便专心陪伴大女儿。这段时间我试着比以前加倍疼爱她，这似乎让她很高兴，也没有吃妹妹的醋。今天早上出门工作前，我花了很多时间陪她玩骑马游戏，等到要上班时已经精疲力竭（笑）。

　　因为现在是四口之家了，所以我的工作方式也有了改变。就算事情只做到一半，我也会暂时打住，早点儿回家，而不是等全都做完才下班。我要花更多时间陪孩子和做家务。

　　下个月就满 3 岁的女儿，已经能读绘本了。一个月前，她突然每天都说"想看《あいうえお》"，就是之前跟大家提过的那个平假名教学视频。看了之后，女儿很快就记住了所有文字。两个月前我让她看这套视频时，她还完全没有反应，但现在自己产生兴趣了，她对那些知识的吸收力好到让人惊讶。

从脑研究的观点来说，3岁这个年纪是一个重要的转折点。一如第38页的资料所显示，如果把人类原本拥有的神经细胞数看作100%，那么到3岁时这些神经细胞数会减少70%，仅剩30%。因为不需要的神经细胞会消耗我们的能量，所以大脑会把它们丢弃，之后，就以剩下那30%的神经细胞度过一生。换句话说，3岁时大脑会决定要留下哪些神经细胞，3岁之前的时间，则用来根据接收到的各种刺激决定"这个很重要，要留下来""那个不需要，可以丢掉"……正所谓"3岁看老"，这句俗话很容易被误解为用来给孩子定性，但结合前面的数据，它其实也可以说成"最重要的是，父母在孩子3岁之前要仔细思考他们想教出什么样的孩子，并为之付出努力"。

当然，家长不能强求孩子，而是要温柔地引导，让孩子产生兴趣。为了不错过产生兴趣的时间点，家长要在日常就仔细观察，以最自然的形式，不动声色地加以协助。这些都是在考验父母的教养能力。

以我来说，这3年来，我都在努力培养女儿的自主应对能力。我希望她碰到事情时，可以自己思考并做出决定。因为独立思考的能力可以成为她一生的支柱。举例来说，如果女儿做了坏事，我尽量避免不分青红皂白地加以斥责，而是像"这样做对吗，还是不对？""知道为什么不能这样做吗？""那你为什么还要这样做呢?"这样,让她用自己的话来表达她某些行为的理由。

不知道是不是一直如此教养的成果,我发现最近女儿逐渐能够"独立思考"了。看到她这个样子,我觉得在她 3 岁的这个转折点,我们为人父母的任务之一已经完成了[1]。

当然,在教养子女这件事上,很难断定什么才是正确的。我不能保证什么样的教育方法一定对,但根据我 25 年来持续研究大脑的经验,我相信对于我的女儿来说,好的教育方式就是避免过度干涉,尽可能帮助她发展逻辑能力和思考能力。

·育儿闲话·

早上要出门工作时,女儿对我大喊:"不要去!"我心想:"啊,好可爱呀"。结果,女儿说:"我想看《あいうえお》"……当我把视频设置好播放后,女儿又说:"行了,你可以去上班了。"啊……原来我只是个工具人啊(笑)。

---

1 3岁之后,女儿已经表现出独立自主的能力了,我们也深深感觉到了她的这种变化。她开始可以一个人睡觉,可以说明自己的意图和理由。可是,展现出这种"大人样"的她,不过也才 3 岁而已。当我们照顾小女儿时,她一定觉得很孤单。这种情绪偶尔会在她的脸上流露出来,让我更是心疼。即便如此,她也没有直接找我们倾诉。明明不需要忍耐、可以尽情跟我们撒娇的,但对她来说,这似乎有点困难。

3 岁　感受 "眼睛看不见的东西"

○　文字可以记录所想，也可以传达心思

带着对文字的兴趣，女儿很快就记下了所有平假名。妻子是看到她的这种状态，才想让她从 3 岁生日那天就开始写日记的。写图画日记很快就成了我们日常的亲子活动 [1]。

某天妻子外出时，我和女儿一起写图画日记。听到在隔壁房间睡觉的妹妹哭了之后，我就过去给妹妹换了尿布。再回到女儿所在的房间打算继续写日记时，我发现日记本的角落里写着 "××（女儿的名字），忍耐"。我感到很难过，觉得 "女儿表面上看起来活泼开朗，内心却因为爸爸被抢走而痛苦"。妹妹出生之后，我已经尽量小心，不要让她觉得自己受到冷落了，没想到她心里还是陷入了纠结。

1　一直到本书出版时，女儿仍每天都坚持写日记。妻子说，她也是从很小的时候开始就有写日记的习惯。

○ 感受到看不见的东西

这个月女儿的成长是可以感受到看不见的东西。

比方说，我让她一边看显示了 7 个苹果的屏幕，一边数苹果的个数，当她数到第 4 个时关掉屏幕。此时，女儿已经记住了那个画面，还是可以继续数出看不见的 7 个苹果。而且，就算数到第 4 个时我打断她，问"要不要喝果汁"，她还是可以在拿到果汁、喝了一口之后，继续"5、6、7"地数起来。这意味着她已经能够将不在眼前的事物的影像保存在头脑中了。

女儿掌握的另一个与此相关的能力是数汽车的轮胎。当我指着汽车问她"有几个轮胎"时，她会回答"4 个"。实际上她看到的只有在眼前那一侧的 2 个轮胎，但她能想象车子是对称的，所以连看不到的那一侧也一起数了。就算是大卡车也一样，虽然眼前只能看到 3 个轮胎，但她数了两侧的，所以会回答"6 个"。

此外，女儿也会讲电话了。虽然说得还不是很好，但她知道不在眼前的爷爷、奶奶就在电话的另一头，通过电话可以听到他们的声音。也就是说，她可以感受到看不见的对方的存在。

这件事对大人来说非常理所当然，但对孩子而言就没那么简单。幼儿会认为自己看到的就是全世界。要想感受到"眼睛看不见的东西"，需要具备更进一步的认知能力。

通过假设看不见之物仍然存在，我们能够进行无限的思考，哪怕思考的内容并不存在实体。这一下子就扩大了人类的能力——我们可以预测未来、可以关心远方的人、愿意参与慈善活动，甚至还可以想象宇宙的构造、想象以显微镜观察到的微生物世界、处理非实际存在的虚数和多维空间等。唯有能够想象看不见之物，科技才能进步。

或许是这种能力的延伸，前几天女儿看到蜉蝣掉在水洼里，问我："蜉蝣死了吗?"死亡，是"存在的结束"，亦即"不存在"。关于死亡，我还不知道该如何教她，所以一直避免谈论这个话题。在感受到看不见之物的存在后，或许她已经能够隐隐约约地理解死亡了。

· 育儿闲话 ·

因为我每次都会很用力地帮女儿洗脸，所以她怎么都不肯让我给她洗澡。"两个人一起洗，浴室会变得很小吧"——最近，她开始会拼命找借口了（笑）。

脑科学小专栏 10
"早教"泛滥的真相

很多人都知道 IQ 测试，其正式名称为"比奈智力测试"，是法国心理学家阿尔弗雷德·比奈（Alfred Binet）在一百多年前设计的。比奈认为智力的三大核心要素为"逻辑能力""语言能力"和"热情"。

一方面，无法用"逻辑"来思考的人当然就不用说了，但即使可以用逻辑思考，如果没有将信息传递给他人的"语言能力"，在其他人看来也等同于"没有在思考"。另一方面，就算逻辑能力和语言能力都很出色，如果没有发挥这些能力的"热情"，终究也只是一个"没有做到"的人。这三个要素缺了任何一个，都无法形成智力。

那么，在教育孩子时这三个要素中最容易被忽略的是哪一项呢？我认为是逻辑能力。所谓逻辑，就像数学或物理。父母常会读绘本给幼儿听（酝酿"语言能力"），勉励孩子要奋发向上（培养"热情"），但应该很少教他们如何计算或思考图形吧？与数学和物理有关的玩具和绘本也不多。

芝加哥大学的贝洛克（Beilock）博士就很强调"儿童时期学习算术的重要性"。为检测儿童在家中学习算术的效果，贝洛克博士的研究团队针对小学一年级的学生及其父母，共计587个家庭进行了为期一年的实验[1]。在这一年中，参与实验的父母会使用平板计算机给孩子读有关计算和图形的绘本听。

研究结果显示，在家学习算术的儿童，其算术成绩比听普通故事的儿童高了30%。而且不用每天都学，一周只要一次就很有效果。尤其是在父母不擅长算术的家庭里，效果特别好。

○ 最该培育的是"思考能力"

不过，请各位注意，我并不是在鼓励"早期教育"。我认为从长远来看，只是填鸭般灌输知识的早教几乎没有什么效果（并不是说不能进行早教）。

在3月出生的职业棒球运动员的人数，大约只有在4月出生的一半[2]。职业足球运动员的情况也差不多。这恐怕是幼年时

1　Berkowitz T, Schaeffer M W, Maloney E A, Peterson L, Gregor C, Levine S C, Beilock S L, Math at home adds up to achievement in school. Science, 350: 196-198, 2015.

2　日本的学校是在 4 月入学。以小学为例，入学的年龄要求是在当年的 4 月 1 日前年满 6 周岁。因此，3 月出生的孩子可能会比同期的其他同学年纪小，有的甚至会小将近 1 岁。——编者注

体格差距所造成的影响，那个时候的运动能力只要相差 1 岁就有明显差异。有些人在幼年时因体格比同期同学要弱小一些，所以在运动领域产生了自卑感，而这种自卑感在长大之后很难克服[1]。

可是，以东京大学的学生人数为例，3 月和 4 月出生的人数不相上下。也就是说，相异于体格差距，智力发育上的劣势是完全可以克服的。

不仅如此，从这个数据对比中还可以归纳出"早教效果十分有限"的结论。因为 3 月出生的人几乎比 4 月出生的人早一年得到学习的机会，他们是和比自己大 1 岁的孩子一起上同样的课，但考上东京大学的人数比例并没有因此增加。这就是提早开始接受教育未必有效的证据。

针对幼儿教育，我所重视的并不是尽快教会他们以后会在小学学到的计算和汉字。我完全不觉得填鸭式地硬塞知识有什么吸引力——那些知识只要将来进了小学自然会学到。即使父母基于单方面的焦虑铆起劲来认真教导，其效果也只是暂时的[2]。

或者可以说，在幼年时有幼年时该学的东西。我特别重视

1　与之相反，偶像歌手大部分是 4 月前出生的。因为幼年时期体格较为娇小，所以有些人会经常被身边的人夸"好可爱!"本人或许也会因此而有自信。

2　有些小孩子你看一眼，马上就能知道其父母在教育上投入了多大的精力。他们认为越早教孩子，孩子就能越早学会。然而，其效果只是家长的一种"自我满足"，和真正的"聪明"是不一样的。

与自然和实物接触的"五感体验",以及之后会谈到的"忍耐力"等。此外,对事物感到惊讶、疑惑的"提问能力"和"求知欲",按照条理思考的"逻辑能力",理解未来或他人内心等不可见之事的"推测能力",能够适当判断的"应对能力",可以从多元角度来说明事情的"灵活性",传达自己想法和倾听他人想法的"沟通能力"等,也是重要的培养要素。幼年时掌握的"思考能力",更是孩子后期成长的助推力。

一般来说,相比"尝试了但依旧失败",人们更容易对"什么都没做所以没有成功"感到责任重大。这一点在工作和学业上或许特别明显[1],但其实育儿也有类似的感觉。即使不想在意别的父母是怎么教育孩子的,也还是会忍不住去关注。

在这样的环境中,要决定不让自己的孩子接受早教或不让他们学任何课程,是非常需要勇气的。

然而,唯有不随波逐流,果断制定教育政策并坚定不移地执行,才不会让孩子感到焦虑或无法信赖。只是因为自己短暂的焦虑就过多地干涉孩子,让他们什么都做、什么都学,不一定会带来好的结果[2]。

1　比方说,和"努力学了但还是不及格"相比,大家会觉得"因为没学所以不及格"更糟糕。

2　研究表明,教育意愿过高的父母所教养出的孩子,其达成目标的动机要弱于被父母"放养"的孩子。(参考文献:McClelland D C. Achieving society. Van Nostrand, 1961.)

第 4 章

3~4 岁
独立自主，展现自我

孩子可以处理自己的事情之后，就会出现"想把这件事做得更好""这个时候，想这样做"这种理想的自我形象。

孩子拥有了想象力、记忆力和忍耐力，可以想象未来的自己，并以此为目标来行动。

* 参照日本厚生劳动省发行的《母子健康手册》

3 ~ 4 岁孩子大脑的发育过程

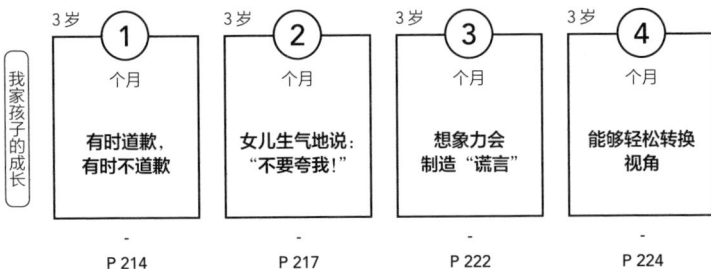

我家孩子的成长	3 岁 ① 个月	3 岁 ② 个月	3 岁 ③ 个月	3 岁 ④ 个月
	有时道歉，有时不道歉	女儿生气地说："不要夸我！"	想象力会制造"谎言"	能够轻松转换视角
	- P 214	- P 217	- P 222	- P 224

一般的发展过程 *

一
般
的
发
展
过
程
＊

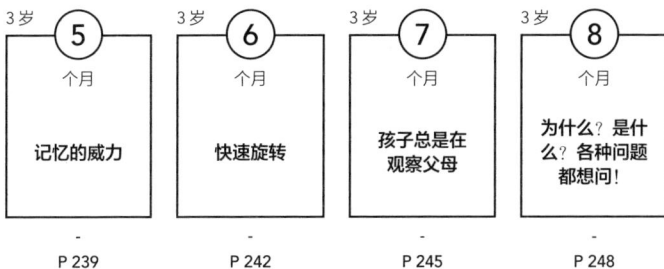

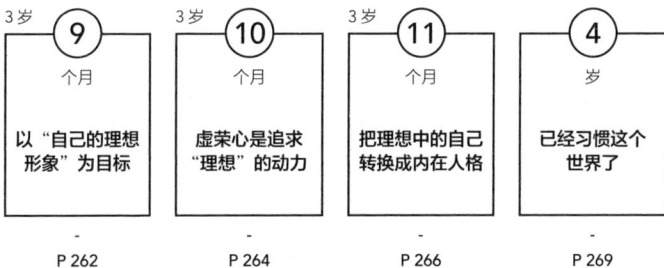

· 可以从 2 ~ 3 层台阶的高度往下跳
· 能够单腿跳跃
· 可以述说自己的经验
· 可以看着范本画出"十"字
· 能够熟练使用剪刀了
· 可以自己穿脱衣服
· 可以一个人尿尿
......

3岁1个月　有时道歉，有时不道歉

○ 对数字的兴趣与计算能力

女儿还是很喜欢数字。最近，她已经可以计算在我自创的故事中出现的数字了。比方说，我问女儿："小熊拿来了5个橡果，松鼠过来吃了3个，现在还剩下几个？"她回答："2个。"她回答。对于"6"以上的数字，她会用两只手的手指来计算，但6以下的数字，她似乎都可以用心算解答了。

○ 心思变得复杂了

女儿的心思变得复杂了，偶尔她会掩饰真正的心情。比如，明知做了不该做的事，却故意不道歉。打翻食物时，以前她会马上说"对不起"，若不小心忘了说，只要问她："这个时候该说什么?"她就会很老实地道歉。但最近她知道就算不道歉也不会有事,所以就不加理会地继续吃饭。另外,对于想要的东西,她有时候不会直接说"想要"……她似乎无法将自己心中的"两面性"控制得很好。

这种变化的原因之一,或许是因为妹妹出生了。她知道"自己应该表现得像个姐姐",却又无法抑制像婴儿一样想撒娇的心情。

她会问可不可以喝妹妹喝剩的奶,即使告诉她不行,她还是会笑嘻嘻地把它喝了。就算我说:"××(女儿的名字)你是小婴儿吗?啊,羞羞。"她也会一脸欣喜,害羞地笑着说:"不是小婴儿。"

就像这样,就算我直截了当地和她说明,她的很多回应也都不是发自内心的。换句话说,她不单是假装"回到婴儿时期",而是在更高的层面上想通过"故意试着回到婴儿时期",来确认自己是姐姐。

某天,女儿拉着天花板上吊下来的玩具,想要跟妹妹玩。但似乎是因为太过用力,吊线断掉了,那一瞬间,她一脸严肃地说"对不起"。弄坏妹妹的玩具,对姐姐来说似乎是大事。在这类她觉得重要的事情上,那种"不道歉也无所谓"的心机就消失了,她也能率真地说出自己的心意。

· 育儿闲话 ·

　　我将女儿喝她妹妹喝剩的奶的场景拍下来，传给老家的父母。没想到我母亲说："你也喝过你妹妹喝剩的奶哦。"看来大家可能都做过这种事呢（笑）。

3岁2个月　女儿生气地说:"不要夸我!"

○ 理解自己以外的世界

　　女儿的行为越来越复杂了。前几天,她一个人在隔壁房间玩耍,我就去看了一下。听到我的脚步声后,女儿很慌张地不玩了,然后说:"我什么都没做哦!"这是女儿第一次这样,她当时似乎在玩订书机。之所以要把正在玩的东西藏起来,是因为她知道自己在"做坏事"。

　　就我来看,订书机虽然有点儿危险,但我也不至于会因此生气。不过,女儿倒是开始可以区分"可以被看见的自己"和"不该被看见的自己"这种人前人后的行为,并且分别扮演两种角色。

　　就像我之前提到的,对3岁以前的孩子来说,自己看得到的世界非常重要,所以他们玩捉迷藏时经常藏不好,有些孩子甚至就在"鬼"的前面闭上眼睛,然后说:"我已经藏好了。"

他们以为只要闭上眼睛看不到"鬼","鬼"就看不到自己。女儿在不久之前也是只把头藏起来，露出一整个身体[1]（笑）。

这种对内部和外部的转换，在孩子理解故事时也一样。例如，格林童话中的《白雪公主》，3岁幼儿还无法完全理解其故事内容，他们会觉得："既然有毒，为什么白雪公主还要把苹果吃掉呢？"4岁之后，孩子就可以从白雪公主的角度来看事情，所以会很紧张地想着："白雪公主不知道苹果有毒，所以把它吃了！"进而还会为白雪公主担心。

女儿已经进入这样的心理转换期，在表面话和真心话的交织中，她能找到更深层次的"自己"。

○ 夸奖真困难

这个月还发生了另一件有趣的事。女儿画了一幅画，我很自然地夸奖她："画得好棒啊！"结果，她很生气地说："不要夸我！"

这种行为和"认知失调"[2]的心理是一样的。认知失调简单来说，就是"因自己的思想和现实相互矛盾而感到有压力"。

1　也就是所谓"顾头不顾尾"。2～3岁的孩子认知"对方视角"的能力尚未成熟，4岁之后，才能真正懂得玩"捉迷藏"。不过，当我从远处问："小××，你在哪里啊？"女儿还是会很老实地大声回答："我在这里——"这个时候还是非常天真无邪呢（笑）。

2　Festinger L. A theory of cognitive dissonance. Stanford university press, 1962.

这种心理会进而产生"想要消除这种矛盾"的心理。

一个很有名的例子是《伊索寓言》中的《狐狸与葡萄》。狐狸很想吃葡萄，但葡萄长在很高的地方，狐狸够不着，所以狐狸丢下一句"反正那葡萄一定是酸的"，就离开了。换句话说，这就是将"我本来就不想吃"的心理转换为现实，来说服自己接受现状。

在养育孩子的过程中，认知失调是需要格外注意的一种心理。比方说，喜欢画画的孩子之所以想要画画，是因为单纯"喜欢"。这种"喜欢"会让孩子自然而然地产生画画的动机。

父母看到孩子这种积极的样子，自然会想要夸他们，但以教育理论来说，这个时候绝对不可以很直接地夸。如果一直夸他们"好棒啊""画得真好"，孩子对画画的兴趣就会迅速下降。

以孩子的角度来说，不断被夸奖，他们就会无意识地将现状解释为"自己画画或许不是因为喜欢画画，而是因为想被夸奖才去画的"，以消除认知失调。结果，喜欢画画的孩子就不会再画画了[1]。

这种现象在教育心理学上非常有名，虽然我理智上知道这

---

1 看到自己那对画画失去兴趣的孩子，很少有父母会反省"是自己的说话方式不对"，多半会将其归因于孩子身上："兴趣转移到其他地方了"或是"我家孩子总是三分钟热度"。

些事情，但对于自己的孩子，还是会忍不住去夸奖。当女儿说"不要夸我"时，我才突然想起这个道理。

看到孩子画画时，应该要尽量避免用"好棒啊""画得真好"这样的话语夸奖孩子的"行为"。话虽如此，如果一言不发地看着孩子专心作画，似乎又不太好。这个时候，只要夸他们完成的"作品"就好，比方说"爸爸好喜欢这张画啊"，这种说法不会直接夸孩子的行为，如此就可以充分抑制认知上的不协调。只要对已经完成的画作发表感想就好，不要提到画画这个行为本身。

即使在入学之后，也可以用同样的方式跟孩子说话。孩子考到好成绩时，不要说"你好努力啊"或"我要给你奖赏"，应该说"拿到那么高的分数很开心吧""爸爸也好高兴啊"或是"希望下次也可以考这么好"。

我在大学的研究室看到学生交出很棒的实验资料时，会尽量避免"努力终于有了成果啊"或"不被挫折打败、继续努力，就能拿到好成绩"之类的夸奖方法。取而代之的，我会说"这资料很有意思""有了新的发展或假设了啊""如果在学会发表，大家应该会很惊讶"，和学生一起为他们的成果本身感到开心[1]。

---

1 "夸奖"和"责备"是许多父母共同的烦恼。具体大家可以参阅本书第228页的专栏。

· 育儿闲话 ·

　　女儿会在唱歌或打招呼时，故意开玩笑地发出奇怪的声音。幼儿园的老师也有点儿惊讶地说"你女儿真会搞笑"。这似乎和我小时候有点儿像（笑）。

3岁3个月　想象力会制造"谎言"

○ 想象力变得有艺术性

这件事发生在我们全家一起乘坐飞机的时候。飞机起飞前，女儿很开心地看着舷窗外天空中的云。飞机起飞，穿过云层之后，云就到了视线的下方。

这时，女儿说："啊，是云朵森林！"一般来说，这样的隐喻表现，只有诗人才说得出来。而且，女儿还说："把云朵捏成饭团，用来打雪仗！"她似乎联想到云、饭团、雪，其共通点都是"白色且轻飘飘的"。这个月，女儿已经可以用这种带有诗意的语言表达了。

○ 借口和谎言，都是想象力的结果

或许因为想象力不断提高了，女儿也开始找"借口"了。

这是发生在浴室的事。女儿将含在口中的水"噗"地喷在她妹妹脸上，把妹妹弄哭了。我问她："你在做什么?"她说："我在洒水"。于是，我一如往常地问她："这是好事还是坏事?"之前，她都会说"是坏事"。但这次，她却回答："因为我想帮她（妹妹）洗脸。"她可能是恶作剧，也可能是想开玩笑。不过我想她应该只是想看到妹妹哭。

站在父母的角度看，这种拙劣的回答显然只是借口，但这其实也是想象力的杰作。女儿运用想象力，尽可能在不造成矛盾的情况下，思考出将自己的行为正当化的推脱之词。前文提到的"用云朵捏出饭团来打雪仗"这样的隐喻也一样，她让自己脱离现实，进入幻想的世界，以其他的观点来说明现状。

能够说出很复杂的谎言，让身为父母的我心情非常复杂（笑）。然而，仔细一想，大人也不会对第一次见面的人说"你好胖啊"之类的。就像我们会因为礼貌而保持沉默一样，这种伪装出的场面话是所有人踏入社会必经的过程。

· 育儿闲话 ·

女儿在幼儿园也要上英语课，而且她似乎正因此饱受折磨。前几天外出时，碰巧有外国人向我们问路，事后女儿带着尊敬的眼神看着我说："咦，爸爸会说英语啊?"为了维持我突然上涨的身价，我决定隐瞒"自己的英语口语是只能说单词的水平"这一事实（笑）。

3 岁 4 个月　能够轻松转换视角

○　可以区别"明天"与"后天"了

之前我曾经提到，女儿已经会做简单的加法（见第 192 页）。计算能力，也可以说是"视角转换"的能力。比方说，我问女儿："2 往下第 3 个数字是什么？"她会回答："5。"这样的计算过程不能只是把它当作单纯的加法。

在这个计算过程中，孩子首先要把视点放在"2"这个数字上，然后在数轴上往前进 3 格，到达"5"，这是动态的视点移动，是对"按照顺序数数"的一种应用。

掌握自由移动视点后，女儿终于学会了一件事，那就是区别"明天"和"后天"。虽然这些都是表示未来的词汇，但具体指的是不一样的日子。"后天"是"明天的明天"，换句话说，就是把视点转移到明天这个时间点，从那里看到的"明天"就是"后天"。这是能够将局限在"现在"这个时间点的

"自我"解放之后，才能理解的概念。

像这种没有伴随身体实际活动的"脑内移动"，对人类来说具有重要的意义。人类和猴子的最大不同点之一，就是人类有"何时"的概念。比方说，猴子如果被问"去年12月24日做了什么"，它们并不知道答案。"时间"在外部世界中客观流动，如果不能理解"把自己置于外部世界的尺度中"这一客观事实，那么就无法理解日期。

理解日期最重要的第一步，就是知道"明天和后天的区别"。所谓了解"后天"，就是了解把自己放在"明天"时，隔天同样是"明天"[1]，也就是所谓的"递归式"活动之一。

像这样在抽象的时空中移动，专业用语称为"心理时间之旅"（Mental Time Travel）[2]。可以自由进行"心理时间之旅"是人类的特质之一。

○ 视点更加自由、灵活

可以进行"心理时间之旅"后，女儿的思维也瞬间变得灵活。不只是时间，她也萌生了去尝试理解他人的"脑

---

[1] 严格来说，6 ~ 7岁时，孩子才能正确理解"明天"和"后天"。对3岁的幼儿来说，"以一个白天、一个晚上为一日"这种概念还很模糊，午睡后醒来就以为已经到了"明天"的例子并不罕见。

[2] Murray B. What makes mental time travel possible? Monitor Staff, 34: 62, 2003.

内移动"。

比方说，我在找东西时，她会对我说："爸爸，你在找什么？找抽纸吗？抽纸在那边。"就像这样，她能够更准确地了解对方的意图。也就是说，为了推测"对方到底在做什么"，她进行"脑内移动"，将自己的"心"移动至为对方的"心"，站在对方的角度，猜测对方在烦恼什么。然后，再提出对对方（而非自己）来说最适当的建议。

有一次，我要带女儿去做定期健康检查，必须把小女儿暂时寄放在托儿所。我说到这件事时，她说："××（她妹妹的名字）一个人太可怜了，我要去陪她。"也就是说，她会站在妹妹的立场，投射自己的心情，觉得"妹妹应该会感到孤单"。

这样的共鸣是过去从没出现过的，只不过如果陪着妹妹，她就无法做重要的定期健康检查了（笑）。

在这类视点转换中，最具人类特性的投射，就是针对自己的投射，这是成长过程中必不可少的，因为如此一来，就可以从外部观察自己，和他人加以比较，比如"和别人相比，自己还有哪里不足"等。如果不能像这样观察自己并有所发现，就很难成长。女儿还无法做到自我评价，不过她确实已经开始踏上成长所需的初期阶梯。

· 育儿闲话 ·

"昨天明明就说好今天要陪我玩拼图，爸爸，你忘记了对不对?" 我被女儿骂了（笑）。这也是"心理时间之旅"和长期记忆结合的成果。我完全无法招架（笑）。

脑科学小专栏 11
教养的分歧点："夸奖"与"责备"

人类会把门打开，到外面去。不过，如果光是把门打开，动物园的猴子、家里养的猫也办得到。因为把门打开这件事，是在必要情况下可以进行自发性模仿的行为。但是开门并到了门外之后，动物却不会"自发性地把门关起来"，因为这个动作是"不自然"的。

不少育儿书中强调"要培养孩子的自发性"，但恕我直言，从脑科学来看，只做到这一点不算是完整的教育。因为有些行为可以自发培养，有些则无法自发培养。把门关起来、把鞋子摆整齐、收拾玩具，这些行为对大脑来说是不自然的行为，无法自发地形成。想养成这样的习惯，必须依靠"家教"[1]。

---

1 原书中用的是"躾"，在日语中为"家教"之意，这是一个由日本人创造出的汉字。关于这个字的来源有各种说法，现在被转用来表示孩子的教育，指的是"教导礼仪和规矩"。指导孩子，让他们在社会上不会做出丢脸的事，就是"躾"。

把玩具从箱子里拿出来这个行为，可以自发地完成，因为这是玩耍的必要过程，不用教也会。但是，玩完后的整理，不靠家教就绝对不可能做到。

但请大家不要误会，所谓家教并非"把玩具收起来！""不整理就不让你玩了！"等训斥。

以专业术语来说，家教可以分为"强化"和"弱化"两种方式。

"强化"指的是通过夸奖，强化再次采取某种行动的意愿。

"弱化"指的是通过责备，降低其意愿，使其不想再次采取某种行动。

育儿书中琳琅满目的"家教方式"，归根结底都可以归类为这两种方式的其中一种。不管是以强化还是弱化的方式，孩子都会以父母的行动和判断为范本，将之变成自己的一部分。这个过程称为"人格内化"，也就是让社会规范和价值观深植于自己心中。如果内化成功，即使没有强化或弱化这些外在因素，也可以根据自己的规范来采取行动。

养育子女的最终目标，就是指导子女，让他们"不用依靠他人的指示，也能采取适当的行动"。这个观点是贯穿本书的支柱，所以我会不断重复。"即使父母不在身边，也可以一个人生活得很好"正是教育的精髓。对父母而言，子女独立就某种意义来说，会让父母觉得很孤单，这种不再被需要的感觉也很痛苦。但是，子女会活得比父母久，这是生物的命运。因此，通过家教来帮助子女"人格内化"，才是教育的基础。

○ 夸奖，还是责备？

大家觉得"夸奖"和"责备"哪个比较好？

首先，我们来看看责备的案例。有一个实验将父母分成两组，让他们想办法阻止孩子玩电子游戏。其中一组父母会斥责正在玩的孩子："快去学习！"另一组父母则温柔劝说："是不是该开始学习了？"之后，两组家长都再问孩子："那个游戏真的很好玩吗？"被责备的孩子回答"非常好玩"，而被温柔规劝的孩子则回答"不是太好玩"。

我们可以将这种情形解释为"认知失调"（见第 218 页）。被责备的孩子"虽然很想玩，但不得不停止"，因为是强制性的被迫结束，所以不会发生认知上的不协调。他们"不玩了"单纯只是因为情况不允许，他们对电子游戏的强烈兴趣并没有改变。

反观因温柔劝说而不玩游戏的孩子，他们则是觉得"说不定之后还可以继续玩，自己自主选择停下来"。从这里可以看到，"明明还想玩，却不玩了"这种心情和行动的不一致，造成了认知失调。如此一来，"停止玩游戏"这个自己的决定，就必须从自己的内心来解释，而最有说服力的解释就是"其实那个游戏并没有那么好玩，所以自己决定不玩了"。事实上，实验证明如果父母可以很有耐心地持续用这种温柔劝导的方法来处理，孩子总有一天会对电子游戏失去兴趣。

就像这样，尽量避免严厉斥责，同时有耐心地予以"家教规范"才是理想的教育（当然，很多时候，养育子女并没有那么简单……）。

关于夸奖与责备的平衡，我从在研究室做的老鼠训练实验中也得到一些启示。想让老鼠记住路径时，我们常常会使用饲料。这是"做到了就夸奖"的训练法。相反的，也可以使用猫的味道和电击等"惩罚"，这就相当于"没做到就责备"。除此之外还有一个方法，那就是"做到了就给奖赏，做不到就惩罚"这种"胡萝卜与鞭子"的组合。

换句话说，为了让老鼠学习，有以下三种训练方式：

①只有奖赏（夸奖）

②只有惩罚（责备）

③奖惩并施

这三种训练方式中，最能让老鼠快速学会的是哪一种？

对平常一直在做这个实验的我来说，绝对不会答错答案，老鼠的成绩依序是①＞③＞②。仅夸奖的指导方法效果最好，绝对不能责备。一旦责备，对方想完成任务的动力就会下降，从而导致达成率下降 [1]。

○ 夸奖的利与弊

对动物来说，没有奖赏几乎就无法学习。因此，以奖赏作为鼓励的这种训练方式，就生物学来说是合理的。

但是，这是动物的学习方式。以人类来说，如果都以实际物品作为奖赏来鼓励，是会有问题的。如果只是"因为会拿到零花钱才帮忙""因为能得到玩具才努力学习"，那人类就太悲哀了（这确实是有效的方法，我并不否定可以灵活运用这个方法）。

对人类来说，奖赏不只是肉眼可见之物。"如果妈妈开心，我也会很高兴"或"动手整理之后，房间会变干净，心情也会变好"等心理性奖赏的效果和实质奖赏相当。因此，我认为对于可以依靠心理性奖赏来引导的部分，就应该从心理层面给予奖赏。不过，能不能出现效果，就要看父母的夸奖方式了。

通过夸奖来实现"人格内化"需要三个阶段。那就是外发性强化、代理强化和自我强化。

1　当然，我在需要责备的时候也不会心软，但重点是要有好的责备方式。比方说，责备的时候，一定要让孩子有台阶可以下。因为太过激动而把孩子逼得无路可走很不恰当，请务必避免。此外，也要小心避免夫妻两人同时责备孩子。同时被双亲责备，孩子会进退两难。心智尚未成熟的幼儿，还无法处理这种紧张状态。不管在什么情况下，父母其中一方都应该陪着孩子，成为他们的心灵港湾。

①"外发性强化"即直接夸奖，是最简单的一种。被夸奖的孩子会很开心，然后重复做同样的事，这便是"受肯定行动"的内化。越是在年幼的孩子身上，这种强化就越容易看见成效。

②"代理强化"是基于看到朋友或兄弟姐妹等身边的人被夸奖而产生的。也就是说，通过勾起"因为我也想被夸奖，所以加以模仿"这种心理，让孩子观察学习。虽然不是直接被夸奖，但对稍微成熟的孩子来说，光是这样就足以构成人格内化了[1]。

③"自我强化"是"自己夸奖自己"。就算没有他人的夸奖，只要出现好的行为，就会自己夸自己，最终使得相应的行为不断增加。

孩子基本上是以①→②→③的顺序来成长的。所以，家长必须仔细观察自己的孩子目前处于哪个阶段。"整理东西是阶段①"或是"把鞋子摆整齐是阶段②"，等等，必须依照孩子每个行为的阶段，仔细调整和他说话的方式和应对方法。

我基本上赞成采取"夸奖"的方法。不过，夸奖真的非常难，因为会产生认知失调的情况。就像我之前提到的，夸奖画画好的孩子"画得好棒啊""真了不起"这种方法并不值得鼓励。

1　就算自己没有经历过，也可以把他人或前人的经验当作自己的经验加以吸收，适当应对，这就是"智慧"的重要元素。

孩子是因为自己想画才去画画，这称为"内在动机"[1]，是一种从自己内心涌现"热诚"的状态，不是为了夸奖或名声等外在理由。内在动机是没有根据的，喜欢是没有理由的。

然而，身边的大人还是会忍不住夸奖孩子，结果往往导致孩子自己行为的意义发生变化，即不是"因为喜欢画画"，而是"因为想要被夸奖"才画。

单纯为了被夸奖的话，做其他的事也可以。因此，孩子可能不再选择"画画"这个方式。这是很可惜的事，因为他们好不容易有了兴趣。

想夸就夸，想骂就骂，这纯粹是父母的我行我素。人类具备高度认知，夸奖并不会那么轻易就有效。

不过，仅仅在这里谈论这些理想的教育理论，很多读者或许会觉得自己不可能用那么细腻的方法教育子女。事实上，我所做的，距离理想状况也非常遥远，但至少我会提醒自己"用笑容面对孩子"。

比方说，因孩子没有整理东西而苦恼时，家长生气怒吼"为什么不整理"或是"不整理就不给你玩了"只会得到反效果。这时候建议大家可以试着控制情绪，自己先带着笑容开心地收拾，仅是这么做，孩子就会靠过来，想着："你在做什么，怎么这么开心？"这么一来，事情就容易解决了，只要说"要

1　Ryan R M, Deci E L. Intrinsic and Extrinsic Motivations: Classic Definitions and New Directions. Contemporary educational psychology, 25: 54-67, 2000.

不要一起来啊"就可以了。

不管是玩耍还是家务，只要父母可以开心地做，孩子自然会产生兴趣，想要模仿。用这种方法，完全不用责备，孩子自然就会开始整理，也就是说，他们的人格内化已经成立。在我家，我也尝试了相同的方式，孩子玩耍后确实会自发地收拾玩具。

为了让孩子可以自发性行动，很重要的一点是要尽量采取肯定的说话方式，避免否定。比方说"不收玩具，以后就不可以玩了"，这句话中有两个"不"这个否定词，用这种说法，孩子很难去认同。这个时候，应该改成"把玩具收一收，下次再玩"这种肯定式的说法。不要说"不刷牙不能睡觉"，而要说"刷牙后就可以睡觉喽"。喜欢画画的女儿告诉我"我还想再画一页"时，我会回答她"再画一页就收起来哦"。如果做父母的可以很有耐心地持续用这种方法沟通，孩子也会接受这种温和的表达方式。

谨慎斟酌措辞和语气，目的在于慢慢营造"忍耐并不是坏事"的气氛。每个人都讨厌被否定，重要的是靠着尽量使用肯定式的说法，引导孩子通过自制力"积极忍耐"。

孩子对父母的话相当敏感，情绪化的言论称不上教育。父母说完孩子以后，必须仔细思考"刚才这种说话方式好吗"。让孩子反省时，大人自己也必须反省。

比方说，孩子没有遵守约定时，我不会不分青红皂白地责备，取而代之的是，我会耐心询问理由："为什么没有刷牙就睡觉了？""为什么又在画画呢？"孩子不守约定时，大人很容易会用否定的语句加以斥责，但不管发生什么状况，肯定句都要比否定句有魅力。

人的性格也是一样的道理，能自我肯定的人比总是自我否定的人有魅力。与其用负面的言论贬低自己，还不如用正面的话语鼓舞自己。希望我的孩子以后也可以成为能够肯定自我的人。

○ 全盘否定孩子的一切是"虐待"

在这个专栏的最后，我想跟大家聊一聊"虐待"。虐待这个字眼，经常出现在社会新闻中。每次听到这类新闻报道时，我就会非常痛心。

会这么残忍地对待自己的孩子，有可能是父母的道德或精神状态出现了问题，也有可能是父母无法接受自己的孩子存在某种"缺陷"的现实。就算不是习惯性虐待，也有少数父母会因为生活压力太大，对自己的孩子动手。养育子女时，理想和现实之间的左右为难，会为父母带来超乎想象的痛苦。因此，即使发现自己出现了和平常截然不同的一面，也并非那么不可思议。

不过，有一点需要注意，虐待子女的父母很难意识到自己在施虐，因为"被虐待的孩子反而会对养育者释放出善意"。学龄前的幼儿会完全信赖养育者，无条件地对父母表示善意。即使被虐待，也很少有孩子会讨厌父母。不仅如此，一般来说，他们还会对虐待者表现出更多善意。因为这种经历的影响非常强烈，所以被虐待的幼儿长大成人后，有时也会继续喜欢虐待者的特征（比方体味等）。

这是为什么呢？是因为他们渴望那份在童年缺失的温暖情感吗？当然不是，这并非基于仰慕心理的补偿，事实上，这是在进化过程中所孕育出的动物本能。这种现象称为"创伤性联结"（Traumatic Bonding），是包括人类在内的所有哺乳动物的一种内在自动程序[1]。

哺乳动物的幼崽很脆弱，必须依赖养育者才能生存，一旦被父母抛弃，就只有死路一条。因此，为了让父母喜欢，幼崽进化出了许多生存战略。比如，动物的幼崽都有可爱的样貌，这便是为了引起父母兴趣的一种策略。

创伤性联结也是基于同样的原理。当幼儿察觉养育者可能会放弃自己时，为了想办法尽量不被舍弃，他们会积极对养育者表示爱意。这个自动程序至今还残存在人类的大脑中，这也证明了这种生存战略确实能够在自然淘汰的过程中创造优势。

---

1 Rincon-Cortes M, Barr G A, Mouly A M, Shionoya K, Nunez B S, Sullivan R M. Enduring good memories of infant trauma: rescue of adult neurobehavioral deficits via amygdala serotonin and corticosterone interaction. Proc Natl Acad Sci USA, 112: 881-886, 2015.

创伤性联结会让施虐的父母难以发现自己的过失，因为孩子不仅不会逃避他们，还会满脸笑容地靠近。但是，被虐待的孩子却可能会罹患抑郁症等严重后遗症[1]。虐待的代价真的非常巨大。

　　另外，"受到虐待的孩子将来也会成为施虐的父母"这个虐待的代际关联问题，在统计学上已经被否定了[2]。这个错误的论调会造成社会歧视，请大家避免这种妄下结论的猜测，不要以成见判断他人。

1　Pollak S D. Mechanisms linking early experience and the emergence of emotions: Illustrations from the study of maltreated children. Curr Dir Psychol Sci 17: 370-375, 2008.

2　Widom C S, Czaja S J, DuMont K A. Intergenerational transmission of child abuse and neglect: real or detection bias? Science, 347: 1480-1485, 2015.

3岁5个月 记忆的威力

○ **女儿告诉我她梦到了什么!**

早上女儿起床时告诉我她做了梦,并告诉我她梦到了什么。过去她从来没有告诉我她做了梦,这次是第一次。

为什么我们会知道睡觉时看到的东西是梦呢? 又要如何证明现在看到的现实不是梦呢?

大脑活动的相关研究发现,人在真的看到小狗时的脑部活动,和在梦中看到小狗时的一样[1]。不管是在梦中还是现实中,大脑的活动几乎都一样。也就是说,我们很难以大脑活动来区分梦和现实。因此,人类能很理所当然地知道"那是梦",是非常不可思议的事。

即使如此,女儿还是来告诉我她做了什么样的梦。我很认

---

1 Horikawa T, Tamaki M, Miyawaki Y, Kamitani Y. Neural decoding of visual imagery during sleep. Science, 340: 639-642, 2013.

真地听她告诉我梦的内容，没有质问她"你如何从脑科学的角度证明那是梦"（笑）。她似乎可以根据自己过去的记忆和经历，去区分梦境和现实了，这真是一件了不起的事情。对于现实的经历，我们可以和当时一起经历的人共同分享记忆，但我们无法和在梦中登场的人物拥有共同的记忆。换句话说，女儿对我说她梦到了什么，是基于"爸爸不知道我在梦中经历的事"这种视点的移动。人之所以能够区分梦境和现实，是因为人可以认识到自身的社会性。这也是很有趣的发现。

○ 会因为"改变"而难过

我们因故需要搬家。女儿也提前一个月从公立幼儿园转学到方便从新家前往的幼儿园。新学期到来的时候，我们还没搬家，所以一如往常地出门到车站去。途中，女儿看到穿着之前幼儿园的制服的孩子，就哭着跟我说："××（女儿的名字）也想去那个幼儿园。"

虽然她只在那个幼儿园上了三个月，但已经有了关于那个幼儿园的朋友和老师的记忆。而且，她也清楚地知道"自己以后再也不会上这个幼儿园了"。我想她是因为这个原因才哭的吧。转园对父母来说也很痛苦啊。

· 育儿闲话 ·

　　我开始和女儿一起玩"国旗纸牌"游戏，里面的国旗有很多，但女儿一下就记住了。我只赢过一次，这应该是年龄的差距造成的吧（汗）。

3 岁 6 个月　快速旋转

○　在大脑中快速旋转

　　这个时期，女儿已经可以在大脑中旋转空间来思考事情了。比方说，吃饭的时候，我坐在她对面，她给我递筷子的时候，会递到我的右边，而不是她的右边。我问她："为什么要反过来拿给我？"她回答："因为爸爸用右手拿筷子啊。"在女儿大脑中，她知道坐在对面的人左右跟自己相反。这样的思考，就是之前讲过的"心理旋转"的应用实例（见第 119 页）。

　　可以在大脑中旋转空间之后，玩耍的方式也变多了。比方说，我问她："把'熊猫'倒过来念会变成什么？"就算不写在纸上，只要在大脑中快速转换，女儿就可答出"猫熊"[1]。不过，字数变多时女儿似乎就突然被难住了，四个字的词汇已经是极

1　理解语言的构造和含意，并加以运用的能力称为"后设语言能力"。接龙、颠倒词语、谐音字都是后设语言能力初期的展现。

限了。

除此之外，最近，女儿已经会用钢琴弹出《青蛙之歌》和《小星星》等简单的旋律了，虽然她是用一根手指弹的（笑）。事实上，这也和心理旋转有关。音阶是由高低变化来表现的，所以在人脑中会被视为一个立体空间[1]。"Do Re Mi Fa Sol La Si"这个音列的下一个音又会回到 Do，但它和开始时的 Do 是不一样的。音阶是甜甜圈状的动态圆环，可以像螺旋阶梯一样不断循环而上[2]。也就是说，人要在大脑中旋转移动配置于立体空间中的"音"，才能弹钢琴。顺带一提，"音痴"（缺失音乐知觉能力的人）不擅长心理旋转[3]。

○ 我已经是姐姐了吗？

前几天，女儿用筷子夹着豆腐说："爸爸，你看你看！"她已经学会控制力道，可以夹住豆腐且不会弄碎。

这件事中，重点在于她会说"你看你看"，希望别人注意她。她知道自己之前"不会用筷子夹豆腐"，也认识到自己

1 Tymoczko D. The geometry of musical chords. Science, 313: 72-74, 2006. 请参阅第 120 页的详细说明。

2 Zatorre R J, Krumhansl C L. Mental models and musical minds. Science, 298: 2138-2139, 2002.

3 Douglas K M, Bilkey D K. Amusia is associated with deficits in spatial processing. Nat Neurosci, 10: 915-921, 2007.

"现在已经变成可以做到这件事的姐姐了",所以想表现给别人看。看到这样的成长,做父母的当然非常高兴,但最重要的是她本人觉得很开心。

·育儿闲话·

现在,女儿每天都要我陪她玩"国旗纸牌"。她想同时担任读牌者和取牌者两个角色[1]。最近,她已经学会故意用我听不到的极小声音读牌并同时取牌这种"伎俩"了(汗)。

---

1 这个游戏中的纸牌分两部分,一部分是用来读的素牌,上面简单写着国家的名字和特征,另一部分是用来取的花牌,正面画有国旗,背面写有国旗含义、该国首都和代表性物件等信息。这两部分纸牌是一一对应的。游戏参与者中一人为读牌者,其余为取牌者。读牌者读完素牌后,取牌者迅速寻找相应的花牌,最先找到的人配对成功,将对牌拿到手里。最终,手上拿牌最多的人获胜。一般来说,读牌者不能取牌,但只有两个人玩时,读牌者和取牌者都可以找花牌。——编者注

3岁7个月 孩子总是在观察父母

○ 女儿是名侦探？

这个月，女儿的抽象思考能力又上了一层楼，能够归纳规则便是其中的一个表现。

比方说，最近我带小狗去散步时经常穿某一双鞋。女儿看到我前天穿这双鞋去散步，昨天也穿这双鞋去散步。于是，今天在玄关时，她问我："带球球散步，是穿这双鞋，对吧？"

女儿已经了解"有一有二就有三"这种趋势和规则了。这证明女儿已经能够更灵活地进行"贝叶斯推理"了（见第87页）。

○ 了解爸爸的辛苦

女儿更能了解他人的心情了。

比如，看到电视上有人跌倒了，她会皱起眉头，露出痛苦的表情。妹妹一个人睡觉时，她也会说"好可怜哦，我陪你"，然后陪妹妹睡觉。

前几天，妻子外出工作，需要在外过夜，所以我必须独自照顾两个女儿。小女儿先困了，于是我在卧室哄小女儿睡觉，让大女儿在客厅画画等我。可是，哄小女儿睡觉花的时间超出了预期，我便担心大女儿是不是已经画烦了，开始在墙壁或沙发上乱涂，客厅现在可能已经变得一团乱……

结果，大女儿自己跑到卧室来说："我想睡觉了。"

"要一起睡吗？"

"好。"

"那你要去刷牙哦。"我提醒她。

"已经刷过了。"女儿说。

之前只要爸妈不说她就不做的事，现在居然会自己主动完成，这让我非常惊讶。

好不容易两个女儿都睡着之后，我蹑手蹑脚地回到客厅，发现墙壁和沙发上并没有我本来担心会有的涂鸦，桌上摆着涂得很好的着色画，着色画旁边还多画了四个人。

因为上面用平假名写上了名字，所以我马上就明白了，这张图画的是我们一家四口其乐融融的情景。

· 育儿闲话 ·

这是我们家变成四口人之后，我第一次在晚上独自照顾女儿。或许是女儿体贴我的手忙脚乱，才这么乖。若真是如此，她应该更能理解别人的心情了。

3岁8个月　为什么？是什么？
各种问题都想问！

○ 抢占先机，必胜？！

　　女儿已经懂得各式各样的规则了，她开始可以依照规则来享受包括"石头剪刀布"在内的各种游戏。同时，她也自己想出只要"慢出"就会赢的反规则技巧（笑）。

　　或许是因为女儿已经开始了解事物的规则，最近，她突然变得懂事了。

　　这是前几天发生的事。在我家有一条"吃饭时不开电视"的规则，但因为早上我想看一下新闻，就在吃饭时打开了电视。结果女儿说："电视打开后，我也会看到，关掉吧。"她的自制力越来越强。

　　这是因为她知道"电视打开之后自己也会看"而采取的对策。为什么"看电视"对女儿来说是问题呢？那是因为"只要一开始看电视，就算上幼儿园的时间到了，自己还是会拖拖拉拉"→"妈妈会催促自己"→"因为不想被催，所以一开始就不要把电视打开"……简单来说，自己预先做出应对措施，以免被妈妈骂。这也是了解事物的规则，能够依序思考，才能想到的预防对策。

○ 进入"为什么、是什么"时期

女儿抓着我们问"为什么、是什么"的频率越来越高了，但是，有时她的问题真的很难回答。

比方说，女儿问："今天星期几？"我回答"星期二"之后，女儿又会问："为什么？"她要问的是"为什么今天是星期二"。嗯——这很难回答吧（笑）。但不管有多麻烦，面对女儿的提问，我都会尽量认真回答，不会敷衍了事。"为什么爸爸的手比我的大？""为什么球球是狗？""为什么草莓是红色的？""为什么2个橘子、2个苹果的2都是2？"……在这段时间，女儿只要一看到我，就会展开"恐怖发问"（笑）。

我最近才知道，女儿上的幼儿园会教他们加减法和英语字母。我有点儿怀疑，于是试着考了考女儿，发现她不管是两位数的加法或减法都会算，而且进位和退位也都没问题。

虽然我为女儿的成长而感到欣慰，但心情又有些复杂。一方面，通过早期学习，亲子之间的确可以进一步交流，父母开心，孩子也高兴。这种相互交流能够鼓励孩子更努力地学习，绝对不是坏事，而且也是一种亲子相处的形式。

但另一方面，我也会想，这个年龄已经必须开始学习了吗？这些事上了小学之后总有一天会学。当然，并不是说这些事不该懂，但我认为在幼儿期，与其吸收知识，更重要的是好好培养自制力、好奇心和理解力。也就是说，打造将来可以流畅地吸收知识并适当地加以活用的基础。

另外，女儿虽然会计算，但她只是靠着机械式的符号操作得出"答案"，似乎并不理解计算本身的意义。虽然这也算一种技能，但我还是非常期待她某一天会跑来问我："这个计算有什么意义呢？""为什么？"

· 育儿闲话 ·

到去年为止，女儿不乖时，只要我说："我要打电话给圣诞老人，叫他圣诞节不用来了。"她就会乖乖听话。

今年我也继续用这个"圣诞法"，用手假装打电话给圣诞老人。结果，女儿笑着说："用手做成的电话，没有办法跟圣诞老人讲话哦。"我输了（笑）。可是，女儿最终还是乖乖听话了。圣诞老人真是太厉害了。

脑科学小专栏 12

大脑惊人的学习能力

　　请想象广阔的大地上有一条呈直线延伸的道路，你就站在路中央。越远的地方，道路就越窄，最后和地平线相交，远近关系非常明显。

　　这种视觉上的透视变化，我们觉得相当自然，但实际上并非如此。幼年期失明的人，通过手术重获光明时，会因为"远方看起来比较小"而感到惊讶。第一次看到道路透视图的人，会觉得那只是一个"三角形"，是和东京铁塔与富士山一样的三角形，他们无法区分远近与高低（见图 3）。奇妙的是，并不是那个人的感受方法很特别，真正"不正常"的是能理解透视图的我们。

　　请大家冷静地思考一下。我们身处的世界是三维的立体世界，不过很可惜，我们的视网膜是二维的。眼睛看到的光通过晶状体映射到视网膜上，映射出的影像就像照片一样是平面的，欠缺远近的信息。人脑必须将这种不完整的二维信息复原成原来的三维信息，通过经验解读所见之物中的相关信息是"上下"还是"远近"。

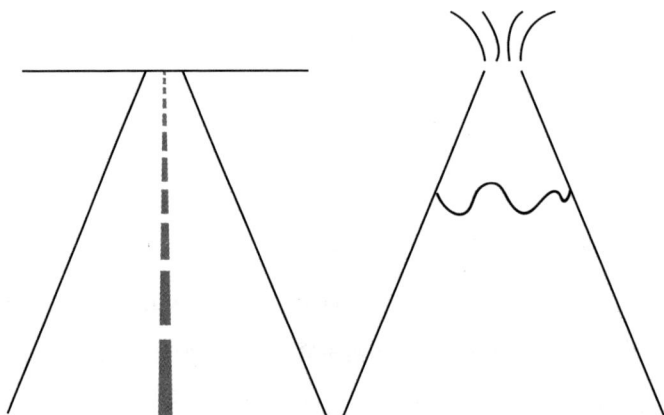

图 3 在视网膜上，两者都是"三角形"

曾经有这样一个实验。让猫在看不到的黑暗空间中自由活动，但在明亮的白天，就将它的身体加以固定，不让其在房间中活动。然后，在某一天，将在成长过程中没有任何"视觉经验"的猫放到明亮的房间，让它自由活动。结果，猫的空间认知出现异常，它会撞到东西，也无法顺利用前脚勾取东西。当然，猫的眼睛是正常的，脑细胞也能感受到光线，只不过，它没有诞生真正的"视觉能力"。

这是因为这只猫缺乏"接近就会变大""近的东西在视野

内移动时会比远方的东西显得大"等经验。如果缺少"在环境中到处移动"的体验，大脑就无法正确解读视网膜上的二维影像。换句话说，它并不是因为看得见所以能够"移动"，而是因为能移动，所以能"看得见"。

获得适当的视觉经验在婴幼儿期是必需的。长大以后再学习"看"的能力几乎是不可能的。大家都知道，语言[1]和绝对音感等几个能力一旦错过特定的感受期就会难以习得，而能够学习"看"的感受期尤其短。

不过，这并不意味着只要有在空间中移动的视觉经验就够了。布兰迪斯大学的赫尔德（Held）博士等人做过一个很有名的研究。在如图4所示的装置上将两只猫用吊杆连接（虽然有些残忍）。其中一只猫可以用自己的腿走路，在空间中自主移动；另一只猫则坐在吊篮中，随着旁边那只猫的动作，被动地在空间中移动。两只猫所经历的视觉刺激是相同的。但是，在吊篮中长大的猫并没有"视觉能力"，因为被动的视觉刺激并没有"视觉经验"的效果。以自己的手脚积极地在环境中移动所得到的视觉经验，才能形成视觉能力。

1　比方说，若是在日语环境中成长，区分"L"和"R"两个字母发音的能力，在出生 10 ~ 12 个月之后就会下降。（参考文献：Kuhl P K. Early Language Learning and Literacy: Neuroscience Implications for Education. Mind Brain Educ 5: 128-142, 2011.）

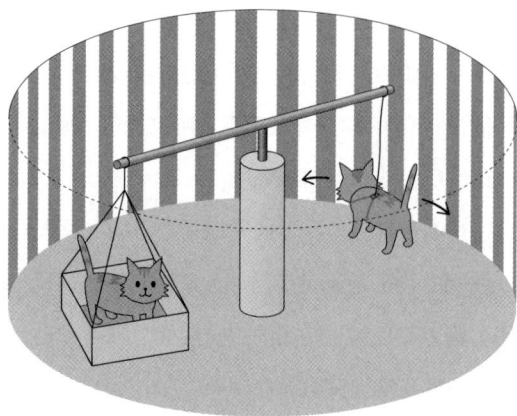

图 4 赫尔德博士的实验

回到人类的话题。婴儿的积极"移动"从睡觉时翻身开始。翻身时身体会滚动，看到的景象也会呈现上下颠倒的模样。接着，婴儿会开始学习爬。通过爬行，移动范围会大幅扩大，视觉经验也瞬间变得丰富。很快，他们就会用两脚站立了。这时，他们获得的视觉经验就不只有"前后左右"了，还会通过视点的移动增加"上下"的经验。人类通过使用自己的手脚积累经验，慢慢成长，才能在向地平线延伸的道路透视图中感受到"立体感"。这是人类的强大信念在单纯的平面三角形上放出的闪耀光芒。

○ 可以分辨"哔哔哔信号"的大脑奇迹

"看到这个世界"的话题相当深奥，让我们继续探究。

请大家想象一下，当自己变成"大脑"这个器官，情况会变成什么样呢？大脑，是产生智能的最高枢纽。如果我们变成大脑，想必就可以通过磨炼智能变成天才吧？但是，大脑的真实样貌和这种想象截然不同。

首先，请不要忘记"大脑存在于头盖骨中"这个事实。也就是说，大脑处于一个"暗室"之中。我们必须意识到，大脑是一个与外界隔绝的孤独个体，与外界的接触主要来自身体的感觉输入与对身体的运动输出。换句话说，大脑只是间接性地与外部连接。

大脑中身体信息的输入与输出，以神经纤维中的电信号为媒介。这种电流信号称为峰电位（spike）信号，是一种表现为"0与1"的数字形式信号。我们"看到"的或"听到"的，都是数字信号，这一点非常重要。光和声音并不会直接传达到大脑，光或声音等物理信息会在视网膜或内耳转换成数字信号，这些信号会变成莫尔斯电码[1]一样的"哔哔、哔哔"信号，再传到大脑中。视觉、听觉、嗅觉、味觉、触觉等所有身体感觉，在进入大脑时，都会转换成"哔哔哔信号"这类数字信

---

1 将不同长度的符号加以组合，来表达文字或数字的信号，在 20 世纪前半叶的电报等文字通信或船舶信号中被大量使用。

号。那么，面对如排山倒海般涌来的"哔哔哔信号"，大脑又会如何适当地应对呢？

请大家再次把自己想象成大脑，你被关在头盖骨这个暗室中。现在，手部的触觉转换成"哔哔哔的信号"传了进来，这个时候，你如何知道这些"哔哔哔信号"不是视觉而是触觉，而且不是脚部而是手部的触觉？你无法离开头盖骨去确认"哔哔哔信号"的来源，只能从传来的"哔哔哔信号"中解读一切（见图5）。可以想象，这是多么令人绝望的工作。

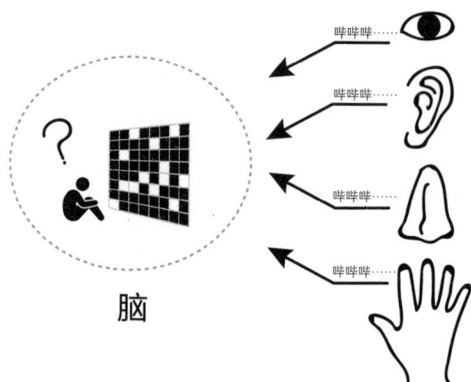

图 5　这张抽象画是什么？是外星人的乐谱吗？

大脑会不断收到大量来自全身的"哔哔哔信号"，并且可以将这些信号几乎丝毫无误地逐一解读。对已经成为大人的我们来说，认为能够感知外界环境是理所当然的，但事实上，这可以说是一种奇迹。

婴儿的大脑通过自身的经验，从"哔哔哔信号"中拼命了解世界的模样。比方说，大家经常说"新生儿的眼睛还无法看到东西"，但严格来说，他们的眼睛是看得到的。或许会有些失焦，但视网膜接收到的光线会转换成"哔哔哔信号"，并传达到大脑中。但是，这个时候大脑的经验还不够。婴儿无法察觉这些"哔哔哔信号"就是来自眼睛的视觉信息。虽然"看得到"，但不存在"视觉"。

从这个角度看，我们认知中的"世界"可以这样解释：并不是先有世界，然后大脑被动感受到这个世界，而是大脑通过积极解读"哔哔哔信号"，在大脑内部重新构筑这个"世界"。婴儿需要学习的重要内容，就是在大脑中"复原这个世界"。为此，他们必须拼命体验和学习。

那么，我再问大家一个问题。请大家看着你的右手，然后想一下："这是'你的右手'吗?"我想大家一定会认为这个问题很蠢。但是，请大家再仔细想一想，你为什么知道那只手是"自己身体的一部分"呢?

眼睛看到的右手，在视网膜转换成"哔哔哔信号"，并传送到大脑中。大脑通过解读这些信号，在脑内重新构筑了"右手"，这就是我们看到的右手。不过，大家眼前的文字，在大脑中也同样是"哔哔哔信号"，为什么它就无法让我们产生"这是自己身体的一部分"的感觉呢?

华盛顿大学的柯林斯博士等人的实验为我们提供了解答。

他们让受试者看放置于一旁的模型手，再用一个自动装置轻轻敲打那只模型手，并配合敲打的时间点，对受试者大脑皮质中的躯体感觉区施加人工的"哔哔哔信号"刺激。结果，受试者会觉得那只模型手就像"自己的手"一样，出现一种很鲜明的"拥有感"。这种感觉，在施加刺激之后的 6 秒内就出现了。

事实上，人的"身体感觉"并不是很明确的东西。让敲打模型手的"视觉"信号，与对大脑所施加的人工刺激信号同步，就会让人产生一种"实际感受"：看到的那只模型手是自己身体的一部分。如此看来，"身体感觉"确实是非常脆弱的东西。

婴儿的学习和这个过程十分类似。小婴儿不知道自己的身体是什么样子的，"我有两只胳膊、十根手指……"这些都是大人眼中的知识。婴儿的大脑会在他们诞生于这个世界之后，通过传送到大脑的"哔哔哔信号"的"同步性"，来认知自己身体的形状。

○ 大脑从"哔哔哔信号"中学习重新构筑"世界"

大脑从传来的大量"哔哔哔信号"中，选择可能有关联的信息，再赋予意义，这就是大脑真正的"学习"过程。

给耳朵听不到或听不清楚的人装上"人工耳蜗"，也会出现类似的现象。人工耳蜗可以通过麦克风收取外部声音，将之转换成机械式的刺激模式，"哔哔哔"地对耳蜗[1]神经细胞进行电流刺激。

通过手术将人工耳蜗植入耳朵后，人一开始会觉得周围的声音听起来就像机器人发出的电子音那样，感觉非常奇怪。不仅如此，因为人工耳蜗从收音到将声音转为电流刺激需要一定时间，所以听觉和视觉会出现奇妙的时间差。接受手术的人说，那种感觉很不自然，让人很难接受这就是"声音"。

但是，如果人持续戴着，最后就会出现"统一"的感觉，电子音也感觉像自然的声音了。快的话，手术后一个月内就会习惯，接受手术的人可以分辨出是谁的声音，也可以通过电话来对话。人工的"哔哔哔信号"，大脑最后也能将其处理得像"自然的声音"一样。这是大脑从人工的"哔哔哔信号"中，学习了如何复原"世界"。

这真的是非常不可思议。我们现在所感受到的这个"世界"，到底是什么呢？脑内的信号明明只是"哔哔哔信号"，为什么我们感受到的这个世界会这么多彩多姿？

最终，这个问题会引出另一个问题：大脑描绘出的"世界"和"现实世界"有多大差距？

人脑在做的事情，如同通过解读宇宙尽头传来的"乐谱"，来重现外星人的音乐。我们不知道外星人用什么乐器，也不知

---

1 像蜗牛一样卷成旋涡状的内耳器官，声音信号会在这里转换成神经数字信号。

I 0~1 I 1~2 I 2~3 I 3~4 I

道他们是否使用 Do Re Mi Fa Sol La Si 的音阶来演奏音乐。乐谱，只是一连串抽象的符号。如何将这种乐谱正确地复原为音乐，就是我们的大脑在做的事情。

不，准确来说，把大脑中的"哔哔哔信号"比喻成外星人的"乐谱"并不合适，因为大脑甚至都不知道那是不是"乐谱"。

自我们出生以来，大脑能获得的信息就只有"哔哔哔信号"。除去这种信号，我们完全没有接受过任何信息。"哔哔哔信号"构成的世界，可以说是我们的一切，所以将"现实世界"设定为"大脑的外部"是没有意义的，因为那是我们无法确认是否存在的"世界"。

这就好像擅自将从宇宙传来的信号当作外星人的乐谱，而且认为"这份乐谱一定有它原本的音乐"，这是毫无根据的。

同样，认为"大脑的'哔哔哔信号'传递了'现实世界'的信息"这个假设也是欠妥的。一如"外星人的音乐"不过是假设，对大脑来说，"现实世界"也只是假设，是所谓的"幻觉"。对大脑来说，唯一可以确认的，是"我"只是从电信号的海洋中诞生出的东西。那是一个没有意义的抽象世界，不，甚至连"意义"这个概念也无效，那是一个只有"哔哔哔信号"的纯粹世界。

唉，真是伤脑筋。我们真切感受到的"这个世界"，到底是什么呢？大脑可以说是一名"确信犯"[1]，为了不让我们感觉"幻觉"不像是"幻觉"，它又成了"诈骗犯"，在我们面前呈现出了巧妙的演出。我们在内心某处可能会隐约察觉到那是"幻觉"，却刻意不去怀疑，完全沉浸在"这个世界"中，尽情享受人生。

看着婴儿大脑不断学习的模样，我突然再度意识到这件理所当然但又容易被忽略的事情。

大脑真是太厉害了。

1　基于某种信念，坚信自己的行为属于正当而实行犯罪的人。这一概念源自德国法学者拉德布鲁赫提出的法律用语，现在也常常从法律上脱离，用作修辞语。——编者注

3岁9个月 以"自己的理想形象"为目标

○ 因为那里有"理想"

前几天，我的手被爱犬球球轻轻咬了一下，受了一点儿小伤。看到这幅景象的女儿问我："还好吗?"然后就走出了房间。过了一会儿，她还没回来，我正想她到底在做什么，结果她找来了创可贴，并细心地把内侧贴条撕掉后才递给我。这样复杂的照顾行为，过去很少看到。她"猜测"我被小狗咬到了手一定很疼，所以拿治疗用的创可贴来"加以应对"。女儿通过"他人的心理"，进行多层次"预测和应对"的能力似乎又进步了。

与此相关，女儿还有一个很大的进步，那就是她可以指出我的错字和漏字。看了我写的文章，她竟然会跟我说："爸爸，这里少了一个'的'。"这是因为女儿的大脑中已经存在她所认为的"理想中的正确文章"，因此可以用来做对照并发现问题。

帮我拿创可贴也一样，在女儿在内心深处，存在"理想的行动规范"。在那个情况下，"让受伤的爸爸贴上创可贴"就是这种理想规范。她也会为了实现这种"理想"，而去采取相应的行动。

想努力接近自己心中的"理想"，正是人类成长的动力吧。

· 育儿闲话 ·

我画画很差。之前，女儿要我"画一只狗"，但我画出来的东西怎么看都像猫……当时气氛非常尴尬，但女儿突然说了一句："没问题！这是一只狗。"只不过，这样的善意反而让我更受伤！

3岁10个月　虚荣心是追求"理想"的动力

○ 虚荣心作祟

最近，女儿的虚荣心开始作祟。上个月，我曾记录她为了接近自己的"理想"而采取行动，而"虚荣心"可以说是这件事的延伸。

前几天，我父母庆祝"金婚"，家乡的很多亲友来参加了聚会，其中也包含年纪比我女儿大的孩子。或许是因为在意旁人的眼光，在这个场合下，女儿很想去当一个"好孩子"。

在那之后，女儿在家里的行为也有所转变。之前，她吃饭往往要花上一个半小时，这也是我在忙碌早晨的烦恼之一。现在，她吃饭的速度稍微快了一点儿。之前洗澡都是我帮她洗，但现在她说："我自己洗！"看来，虚荣心也是一种成长。但是，她不一定能够洗得很干净，所以事情也会变得有点儿棘手（笑）。

女儿的心中存在"好孩子"的理想形象,因为有别人在场,所以她向"理想形象"前进的动机会变得更强。相反,没人看见的时候,她就会草草了事,也可以说她变得有些狡猾了。

除此之外,女儿看到表哥表姐熟练地使用筷子,自己便也跟着学,结果终于正式学会了用筷子。包括刷牙、换衣服、睡觉在内的基本生活行为,她都可以自己完成了。在"虚荣心作祟"的影响下,她又成长了一步。

· 育儿闲话 ·

节分[1]时,依照日本的习俗,大家要吃掉与自己岁数一样多的豆子,但女儿突然把豆子丢到垃圾桶。我吓了一跳,忙问她原因。她说:"因为爸爸如果吃了46颗豆子,应该会吃坏肚子吧。"不过之后,她似乎被妻子教训了一顿,于是就把豆子从垃圾桶里捡出来,又放回我的盘子里。这下应该更容易吃坏肚子了吧(汗)。

---

1 在日本指立春的前一天。——编者注

3岁11个月　把理想中的自己转换成
　　　　　内在人格

○　即将向 4 岁迈进

女儿即将满 4 岁了。最近，特别值得记录的变化就是她会"打招呼"了。女儿的班上有很多孩子早就会打招呼了，但女儿因为害羞，一直学不会。在即将满 4 岁的这段时间，她终于可以主动打招呼了。我想，这也是"成为 4 岁的姐姐"这一自我觉悟的影响。

此外，一如以往，女儿还是很喜欢数字。我突然发现她已经会心算了，像"3+4"这种单纯的计算，就算不用手指和铅笔，她也可以瞬间回答出"7"。

像"心算"这种"不用动身体就能做事"的行为，是人类特有的技能。"默念"这种阅读文字时不发出声音的行为也一样。就算不用手指来计算、不从嘴里念出来，只要在心中想象做着这些事，人就可以计算或读书。这也算是广义的"内化"，是身体运动的内化。正在做心算的女儿，可以说在不断进行着身体的内化。

○ 姐姐懊悔的眼泪

"人格内化"形成后，人就会开始懂得遵守社会的礼仪。以女儿来说，她已经将"4岁的姐姐该是什么模样"内化在自己心中，并照着理想的形象来表现，之前提到的"打招呼"也是其一。

学会主动打招呼的女儿，现在也可以主动说出"对不起"了。

前几天发生了一件事。早餐时，女儿弄洒了味噌汤，她突然说"对不起"，同时哭了出来。这是第一次发生这样的事。之前，就算边吃边玩时把食物打翻被骂了，她也没哭过。而且这次并不是在玩，只是在认真吃饭，并且只是弄洒了一点儿。换句话说，她并不是因为被骂才哭，只是因为自己失败了，感觉很懊悔才哭。这正是她内心存在"理想的自己"的证明。

之前，她也曾因为玩扑克牌输了而懊悔哭泣。但是，两者最大的差异是，这次她输的对象不是别人，而是自己。"输给自己"这种感觉也是人格内化的象征。虽然这只是匆忙早晨中的一个片段，但我感觉空气中突然有了温馨的气息。

· 育儿闲话 ·

　　女儿会折纸飞机了。不知为何，她喜欢将自己的得意之作朝我扔过来。折得好时，纸飞机的前端是尖尖的，撞到我的脚时实在很痛。女儿制作的不是纸飞机，而是"投掷类武器"吧（汗）。

4 岁　已经习惯这个世界了

○ "脸"就是一切

女儿画画的内容越来越丰富了。特别值得注意的变化是，她画中人物的眼球内既有白色也有黑色了。换句话说，她已经开始画"瞳孔"了。因此，她画中的人物有了"视线"，她能比以前更生动地画出不同人物的表情了。人物有视线这件事，意味着绘画者画画时，能够站在被画人物的立场来思考眼神的方向，继而让画面呈现出故事性。

人类的脸只占体表面积的2%。听到这一点，很多人会感到惊讶，但这也证明了大家平常都注视着脸部。脸虽然只占体表面积的2%，但面部肌肉约有45条，相当于全身肌肉的7%。

面部的肌肉之所以这么发达，是为了能做出丰富的表情。正因如此，别人才会很自然地注视脸这个部位。幼儿在某段时期，会画出"从脸上直接长出手脚"这种不可思议的画，从这种身体被省略的人物画像也能知道，孩子比大人更重视脸部。

○ 出现"粗心的错误"！

这个月还有一个不能错过的变化，那就是女儿开始出现"口误"了。比方说，想叫"爸爸"，却不小心叫成"妈妈"这种语言上的错误。

在女儿年纪很小的时候，她曾把"玉米"说成"玉美"，这是语言能力尚未完全发展时期的口误，单纯只是记忆错误，或是因为口齿不清而出现的发音错误。但刚刚那个例子的口误，经常发生在大人身上，在年幼的小孩身上则很少出现，因为孩子往往会用一种集中全力的状态来说话。

女儿的"口误"，正是她已经在某种程度上习惯了这个世界的证据。她不再需要把全部的精力都集中在话语中。正是因为大脑处理语言时有些草率，才会出现这种"粗心的错误"。

也可以说，"说话"对女儿的大脑已不再是负担，而是自然行为的一环。

人之所以能在紧急的时候全神贯注地做事情，也是因为人在平常处于放松状态，节省了不必要的心力，而"粗心的错误"就出现在放松阶段中。这样看来，女儿使用大脑的方式又前进了一步。

·育儿闲话·

女儿说她想喝饮料。我看了一下冰箱,发现有苹果汁和橙汁,但我不慎口误,说成"要喝苹果汁还是 Apple Juice"。结果女儿马上认真地吐槽道:"那不是一样吗?"这真是让我有些受到打击(笑)。

脑科学小专栏 13
绘本的记忆

　　记忆就像软绵绵的棉花糖，总是那么不可思议、无法捉摸，一旦逼近抓取，却又在手中融化，消失无踪。

　　棉花糖，靠近看会发现它非常粗糙，但距离拉开后，又会觉得它宛如飘在蓝天中的白云。记忆也一样，不管是多么痛苦的经历，过了一段时间后再回头看，感觉总是非常甜美。

　　对所有人而言，绘本应该都带有如棉花糖一般的细腻记忆。在漫长人生的最初几年，我们接触了一生中可能接触到的大部分绘本。绘本是我们与父母的连接点，也是与幻想世界的连接点。这些最初的体验，即便在我们长大成人后，也依旧会在我们心中，成为映照着自己的一面镜子。

　　刚刚孵化的小鸡，会把第一眼看到的对象当作自己的父母，并跟在他们后面跑，这就是名为"印记"（Imprinting）的脑内程序。人类没有这种强烈的初始体验印记。

但是，曾经有这样一个实验。实验中，拿黄色玩具车给已经会爬行的 10 个月大的婴儿看，若婴儿偶然靠近玩具，则让他喝甜牛奶。重复多次后，婴儿意识到只要靠近玩具就能获得牛奶。于是，最初对黄色玩具车没有兴趣的婴儿，开始频频接近黄色玩具车，并"喜欢"上黄色玩具车。这就是"快感转移"的现象，黄色玩具车本身没什么价值，但甜牛奶这种快感信号会成为一种诱因，让婴儿对黄色玩具车产生好感。

　　有趣的是，这个实验所产生的效果不仅如此，它还出现了泛化现象。参加实验的婴儿，不仅喜欢上了实验中使用的黄色玩具车，还会喜欢其他黄色玩具车，甚至喜欢所有黄色的东西[1]。

　　像这样，人在年幼时期形成的"嗜好"，之后也会一直留在大脑中。参加实验的那个孩子，会喜欢幼儿园的黄色帽子、向日葵、黄色柠檬，到了秋天，还会喜欢染黄的银杏树叶。即使那个孩子长大之后，小时候的"嗜好"也会对他的喜好产生影响。

　　这里有一点要注意，就算问当事人"你为什么喜欢黄色?"，他也答不出来。人在 1 岁前的经验，无法在意识上表现出来。他应该做梦也想不到自己曾参加过那个实验。没有任何原因，

1　Watson J B, Rayner R. Conditioned emotional reactions. J Exp Psychol 3: 1-14, 1920. 实际执行的实验是让人对白色产生恐惧的不人道实验。当然，现在这样的临床实验会受到伦理规范的限制。本书是以这个实验为基础，提出范例。

就是喜欢黄色，这就是潜在的"亲近性"。

绘本是潜在亲近性的结晶。如果各位觉得绘本能带来一种难以名状的温暖感，那么可能在你小时候，你的父母曾经通过绘本向你"灌注"了爱意。

这就是为什么大家会说"绘本会映照出一个人的过去"。研究发现，曾经聆听父母念绘本的孩子，他们大脑额叶的活动会非常活跃[1]。亲子间的沟通越多，就越能激活孩子的大脑。这里说的沟通，不仅指对话，也包括用手指指东西、相互对视等非语言性的互动。此外，调查结果显示，父母读越多的绘本给孩子听，就越能加深父母对孩子的感情[2]。换句话说，绘本是亲子心灵共鸣的舞台。

绘本还能激发大脑的另一个重要特性，那就是"预存知识"，即出生前就存在的记忆。就算没有人教，大脑与生俱来就有某些特定的倾向。比方说，婴儿很喜欢甜食[3]，不管哪种文化、哪个民族都一样，婴儿与生俱来的这个喜好全球一致。

1　Ohgi S, Loo K K, Mizuike C. Frontal brain activation in young children during picture book reading with their mothers. Acta Paediatr, 99: 225-229, 2010.

2　Lariviere J, Rennick J E, Parent picture-book reading to infants in the neonatal intensive care unit as an intervention supporting parent-infant interaction and later book reading. J Dev Behav Pediatr, 32: 146-152, 2011.

3　严格来说，并不是"因为甜所以喜欢"。即使是舌头因遗传而缺少味觉感受器的老鼠，也会表现出对砂糖的喜好。换句话说，并不是老鼠的大脑想要甜味，而是它本能地会想要营养价值高的饲料，即"糖分"这种化学物质。（参考文献：de Araujo I E, Oliveira-Maia A J, Sotnikova T D, Gainetdinov R R, Caron M G, Nicolelis M A, Simon S A. Food reward in the absence of taste receptor signaling. Neuron, 57: 930-941, 2008.）

不只是甜食，婴儿都喜欢温暖的东西、软绵绵的东西、圆的东西、带有红色的东西。他们就是喜欢这些东西，就算没有人教也一样。

事实上，长期以来深受喜爱的知名绘本，一定包含这种符合大脑喜好的条件。正因如此，绘本的魅力可以超越国界、超越时代。受欢迎的绘本除了主题、背景和内容很类似，故事中的角色和妖怪也会有共同点。儿童文学评论家特蕾西·马奇尼（Tracy Marchini）就曾举出绘本的九个共同要素。这个理论提到了颜色、形式、节奏感等要素，这些内容可以成为讨论的对象，其实已经从侧面反映了绘本存在体系性的普遍共同点。

若从这个角度重新去读绘本，应该会对之前已经看惯了的图画产生一种新鲜感。

棉花糖——软绵绵、圆滚滚的甜点心。

大家听到棉花糖会想到什么呢？我会想到夏天的庙会。

记忆中的那天晚上，我们全家一起出门时气氛还算不错，但不擅长社交的我不是很能享受庙会特有的喧闹，慢慢开始觉得坐立难安，孤立在沸腾的气氛之外。绕圈跳舞的人脸上的笑容，看起来就像褪色的虚幻影像，我找不到与现实世界的连接点，独自陷入哀伤的气氛中。

这个时候，爸爸突然从背后递给我一个东西，那是纯白的棉花糖。那是在黑夜中闪耀着光彩的美丽白云。不知为何，我那映照着棉花糖的瞳孔，仿佛摆脱了什么一般，溢满温暖的泪水。

这是我的"心灵绘本"中不可取代的一幕。

在那之后已经过了四十年，现在我已经成了会通过绘本与孩子接触的父亲。有时我会因为工作，没有办法每天都读绘本给孩子听，但是我重视绘本的心情不曾改变。我的女儿也有了自己喜欢的绘本，大女儿读绘本给小女儿听的情景，更是无可取代的一幕。

○　我经常和女儿一起读的绘本

《好饿的毛毛虫》(*The Very Hungry Caterpillar*)
艾瑞·卡尔(Eric Carle)著

女儿靠着这本绘本记住了一周中每一天的名称。记住之后，她也可以区分明天和后天了。比方说，如果今天是星期四，就表示再过两天，幼儿园就放假了，等等。此外，通过"星期天还会再回来"这种内容，孩子也可以学会周期性。女儿还会想象自己是只毛毛虫，乐在其中。

《po pa—pe》(ぽぱーぺぽぴぱっぷ)
谷川俊太郎 / 著　岡崎乾二郎 / 绘

这本书我们已经读了三百遍了。这是一本由日语中音节以 p 为开头的文字组成的绘本，可以让孩子了解日语发音的丰富乐趣。现在，女儿读给妹妹听的时候舌头还会打结（笑），还是我读得比较好。

《等等我》（こりゃまてまて）

中胁初枝 / 著　酒井驹子 / 绘

"等等我"这句话的语感很好。女儿到外面去，追鸽子的时候，会说"等等我"。这是一本容易让人接受、放在身边可以温暖人心的绘本。

《不倒翁》系列（「だるまさん」シリーズ）

加岳井广 / 著

1岁时，女儿经常模仿不倒翁那种"东倒西歪"的动作。她是从这本绘本开始模仿故事中的人物的。

结语 "棉花糖测试"和 4 岁的女儿

○ 测试忍耐力的棉花糖测试

读到这里，想必大家已经注意到，在家庭教育上，我最在意的始终是引导孩子通过自己的力量，掌握社会人士必备的以下能力：

①看穿事物本质和规则的"理解力"

②预测未来，未雨绸缪的"应对力"

③对"未来的自己"进行投资的"忍耐力"

比方说，4 岁之前培养出足以通过"棉花糖测试"的能力，就是目标之一。

棉花糖测试中，要先为孩子准备棉花糖等点心，并和孩子说"如果能忍耐 15 分钟不吃，就会再给你一个"，然后让孩子一个人待着[1]。重点是,要将孩子留在没有其他东西的房间。在极端无聊的状况下,可以忍住不吃眼前棉花糖的孩子就合格了。

据说,仅有30%的孩子能在4岁时通过棉花糖测试,而这30%的合格者长大之后,多半会过上自己喜欢的人生。事实上,针对合格者进行长达数十年的追踪调查后,调查人员发现他们具有以下特征:

①很少有人有毒瘾或赌瘾[2](不会输给眼前的诱惑)

②很少有人肥胖[3](他们知道吃了之后会有不好的结果,所以可以忍耐)

③在大学入学考试中得分较高[4](可以压抑想玩耍的心情,认真读书)

④能较早成功[5](较有自制力的人,工作能力较好,也比较

1　Mischel W. The marshmallow test: understanding self-control and how to master it. Random House, 2014.

2　Casey B J, Somerville L H, Gotlib I H, Ayduk O, Franklin N T, Askren M K, Jonides J, Berman M G, Wilson N L, Teslovich T, Glover G, Zayas V, Mischel W, Shoda Y. Behavioral and neural correlates of delay of gratification 40 years later. Proc Natl Acad Sci USA, 108: 14998-15003, 2011.

3　Schlam T R, Wilson N L, Shoda Y, Mischel W, Ayduk O. Preschoolers' delay of gratification predicts their body mass 30 years later. J Pediatr, 162:90-93, 2013.

4　Mischel W, Shoda Y, Peake P K. The nature of adolescent competencies predicted by preschool delay of gratification. J Pers Soc Psychol, 54: 687-696, 1988.

5　Mischel W, Shoda, Y, Rodriguez M I. Delay of gratification in children. Science, 244: 933-938, 1989.

值得信赖）

每一个特征都源于能够适度压抑冲动和欲望的忍耐力。

在 4 岁这个幼儿期，只有这个实验法可以预见长大成人后的发展。棉花糖测试在操作上非常简单，以发展心理学来说，是很成功的测试法。幼年时期学会的"自制力"对一生都有好处。

这个测试的重点在于检测孩子将"眼前的快乐"和"将来的利益"互相比较时，如果将来的利益很大，他们是否能够发挥自制力。

比方说，如果将来是"30 秒之后"，很多人会认为，如果现在忍住不拿棉花糖，那么 30 秒后会得到两个，这一忍耐的价值比较高；但是，如果将来是"20 年后"，那么就应该选择现在拿一个棉花糖。

就像这样，等待的时间越长，将来的价值就随之减少的函数，称为双曲贴现[1]（Hyperbolic Discounting）。棉花糖测试设定在"15 ~ 20 分钟之后"这一具有绝妙平衡性的"将来"。双曲贴现率越低，即越是愿意为未来的自己投资的人，其忍耐力就越强。

此外，为了通过棉花糖测试就必须完成"Go/No-Go 课题"，即"反应 / 不反应测试"。这是一个根据情况适当地控

1　Laibson D. Golden eggs and hyperbolic discounting. Quart J Eco 112: 443-478, 1997.

制自己行为的测试，与大脑额叶的活动有关[1]。

比方说，孩子都喜欢按按钮。此时，先对他们说"红色或蓝色的灯亮的时候，就按下按钮"，并让他们实际操作以记住规则。因为灯没有亮的时候就不能按，在这个时间点，"抑制行动"就比较容易。

然后，再把难度提高，将规则变成"红灯亮的时候按，蓝灯亮的时候不要按"。孩子会在红灯亮的时候，一边说着"红色要按"，一边按下按钮，但蓝灯亮时，虽然孩子嘴巴说着"蓝色不要按"，但还是会按下按钮[2]。虽然知道"不该做"，但控制行动对幼儿来说意外地难。能够做到这一点的，一般都是4岁之后的孩子。

事实上，孩子通常也都要到4岁之后，才能通过棉花糖测试。

那么，怎么做才能忍住不吃眼前的棉花糖呢？

有些孩子天生就有很强的忍耐力，但对大多数孩子来说，要想让自制力适当发挥作用，还是需要一点儿技巧的。换句话说，忍耐是可以学习的。

1　Casey B J, Trainor R J, Orendi J L, Schubert A B, Nystrom L E, Giedd J N, Forman S D. A developmental functional MRI study of prefrontal activation during performance of a go-no-go task. J Cog Neurosci, 9: 835-847, 1997.

2　Luria A R. The directive function of speech in development and dissolution. Part I. Development of the directive function of speech in early childhood. Word, 15: 341-352, 1959.

比方说，在做棉花糖测试时，"不看"棉花糖就是很有效的技巧。移开视线，或是把它藏在桌子底下等，只要稍微下一点儿功夫就可以通过测试。

如果孩子无法自己意识到这些技巧，父母也可以教他们："如果很想吃，只要把棉花糖藏到看不见的地方就好了。"这就是我所期望的教育方式。父母应该教给孩子这样的智慧，而不是把学校要教的知识抢先灌输给孩子。

大人也一样，面对很想要却犹豫要不要买的东西，若抱着"再看一次"的心情回到百货公司，就很难控制想买的冲动[1]。这个时候，唯一的方法就是不要去看。这样的生活智慧可以通过自身经验、他人的经验之谈、教育或媒体来学习。

同样，与其说忍耐力是孩子与生俱来的性格，倒不如说是父母利用各种直接或间接的方式，耐心地将智慧教给孩子，帮助他们养成的。

○ 不只是忍耐，也希望孩子了解原因

忍耐力的基础，是观察现状的思考能力。

我平常和女儿所做的"约定"和"说明"，就是为了培养她自己理解并加以判断的能力。

1　Loewenstein G. Hot-cold empathy gaps and medical decision making. Health Psychol 24: S49-S56, 2005.

比方说，"擦了防晒霜→可以外出"这个约定，需要了解"为什么要擦防晒霜"。这个约定不是让女儿乖乖听从父母的话，而是希望她在理解"不擦防晒霜→会晒伤，洗澡时就会觉得刺痛"这一原因和结果之后，再自己去履行约定。所以，我会努力地清楚说明不是"想去玩→必须擦防晒霜"，而是"洗澡时会很痛苦→要擦防晒霜"。我也会引导女儿，让她也能够说出上述理由。

如果平常就耐心解释，孩子的理解力往往会超乎我们的预期，也会培养出坚强的忍耐力。

这个方法有时也能用来应对"不要不要期"。当孩子任性地说"如果不穿自己喜欢的鞋子就不去"的时候，就必须跟他说明，穿了那双鞋出去会怎么样，比方说"因为下雨，喜欢的鞋子会沾满泥巴""因为走路的地方不适合那双鞋，脚上会长水泡"，等等。然后，还要不厌其烦地告诉他"因为现在要去这样的地方，这双鞋子比平常喜欢的那双鞋还要适合"。我有时会因此而上班迟到，不过随着女儿年龄的增长，她理解的次数也随之增加了。

最初，女儿或许是发现"自己不听的话，爸妈就会开始唠叨"，所以不听不行。但现在，她已经可以自己说出"因为这个理由，所以不行"了。当然，与之相应的，是父母也必须确保自己说过的话是真实的，并遵守约定。

最不合理的事情，就是完全没有理由的忍耐。我们要教给孩子的，是忍耐有其理由和好处，而且还要引导他们自己说出忍耐的理由。

为此，我非常重视"开放式问题"。所谓开放式问题，就是"为什么""现在想做什么""那是怎么回事"之类的问题。如果孩子无法回答这些问题，就先切换成可以用"是"或"不是"来回答的"封闭式问题"。比方说，我会问女儿："无论如何都一定要去动物园吗？"让她从"是"和"不是"中选择一个答案。如果孩子回答"是"，我会问："为什么想去？"再度回到开放式问题。

当然，很多时候孩子会回答出一些不成理由、只是在同一个逻辑上重复的说法（因为想去所以想去）或歪理。即便如此，让孩子自己说明理由还是非常重要的。而且这么一来，父母的压力也会减少。如果可以了解孩子为什么"无论如何就是不要"的一丝线索，父母也可以对症下药，避免不分青红皂白地就把孩子斥责一顿。

○　来一场正式的棉花糖测试吧

这4年来，我微不足道的努力应该也开花结果了。

女儿马上就要4岁了，在她有了"自己就要变成4岁的姐姐"这种觉悟的某一天，我们进行了棉花糖测试。女儿到底能不能忍耐15分钟，不去吃自己喜欢的东西呢？

女儿不喜欢棉花糖，因此我决定换成她最喜欢的点心，也就是橘子果冻。

　　那天，我像往常一样和女儿玩着卡片游戏，突然跟她说："今天我买了橘子果冻回来。想吃吗？"女儿眼睛一亮："要，太棒了！"

　　那天是我第一次跟女儿说明棉花糖测试的规则。我和女儿到另一个房间，我将果冻分成两半，分别放入两个碗中，再分别摆上勺子。

　　我将其中一个碗递给女儿，跟她说："你可以忍耐15分钟不吃吗？如果可以，另一个碗里的果冻也可以给你吃。"然后我就离开了，将女儿一个人留在房间。房间里没有任何玩具或文具，女儿可以忍耐这孤独的15分钟吗？顺带一提，女儿虽然像鹦鹉一样跟着我说了一遍"15分钟"，但她应该不知道15分钟是多长的时间，因为她还不会看时钟。

　　我为了让自己完全消失，一直在和房间有些距离的客厅等待。

　　在15分钟的时间里什么都不做，仅仅只是等待，这对大人来说也是一段漫长的时间。我想，此时的女儿应该会同时感到期待和不安吧。对我来说，每一分钟都感觉非常漫长。15分钟终于过去了，我战战兢兢地来到女儿所在的房间。

　　桌上放着丝毫未动的果冻。

　　"咦？你没有吃吗？"我假装平静地问。

"嗯，我在忍耐。"

"为什么?"

"因为想吃很多果冻。"

"你怎么办到的?"

"一直看的话，很可能就会把它吃掉，所以我就去想其他开心的事。"她笑着说。

身为爸爸的我不禁流下泪水⋯⋯

理解力、应对力、忍耐力——女儿成长得远比我想象的要坚强许多。

就这样，女儿的 4 岁生日来临了。这对她来说是很特别的一天。

3 岁之前，她虽然知道"生日"这个词，但似乎不知道这意味着什么，感觉上就像是突然到了生日那天，不知为何四周的人都在帮她庆祝。同时，如果别人问她:"从今天开始，你几岁了?"她会机械地将 2 岁改为 3 岁来回答。对于所谓的"生日"，她的理解大概就只有这种程度，可以说是被动地过了生日。

不过，在女儿 4 岁生日时，情况已经完全不同了。从几个月前，她就知道"自己很快就要 4 岁了"。所以，随着生日一天天接近，她也越来越意识到自己该表现得像 4 岁的姐姐。她在心里会思考"4 岁可以做这样的事吗"，并自己打造出一个理想的形象，然后依照理性的规范来行动。

除了对行为举止的自我控制变严格外，女儿也展现出更多对朋友和父母的体贴。对于小她 3 岁的妹妹，她虽然还是会吃醋，但不会表现出来，反而更温柔地对待妹妹。

在女儿每天"生日还有 × 天"的倒数下，她期盼许久的 4 岁生日终于到了。这是女儿出生后第一次积极迎接的、具有真实意义的"生日"。

给女儿

恭喜你 4 岁了。这 4 年间，爸爸通过你的成长学到很多，谢谢你。将来，你应该还会迎接大约一百次的生日。但是，不管几岁，希望你都永远不要忘记学习，因为光明的未来正在等着你。对了，爸爸当然也不会输给你，我也要继续成长。往后，也请多多指教。

爸爸

· 育儿闲话 ·

棉花糖测试隔天，女儿跟我要求："今天也要玩昨天的橘子果冻游戏。"她应该没有发现自己是在被测试吧（笑）。

后记

本书记录了我养育孩子最初 4 年的经历，如今（2020 年）距其出版已有 3 年，我女儿也已经 7 岁了。在新版再版之际，我重新阅读、校对了本书的原稿，做了一些修订，并增补了一些内容。

本书出版后，赢得了许多读者的赞誉。虽然书中的内容对我来说不算什么新东西，但在读者眼中，脑科学视野下的育儿书似乎非常少见。大家的评论都让我非常开心。

其中，不少读者说我是"奶爸"。可能确实如此吧，养育孩子这件事让我从心里感到快乐。即便是 3 年后的今天，这种心情也没有丝毫改变。但是，扪心自问，我是否真的担得起"奶爸"这一名号，其实我并不是那么自信。或许我写作的时候有些无意识的倾向性，只把好的一面写了下来。

写到这里，我想到一件事情。"奶爸"这个词的存在其实也是一件令人遗憾的事情，因为它从侧面反映了当今的时代还不够成熟。在不久的将来，男性与女性同等地参与育儿活动的情况，会比现在更加普遍。到那个时候，"奶爸"这个词就会消失。"奶爸"一词只是在育儿模式过渡期中产生的"煽动性"词语。当我们和儿孙说"以前还有'奶爸'这个词哦"，他们会接连发出惊叹——这样的时代要是能早点到来就好了。

我成为父亲时，是42岁零7个月。根据日本厚生劳动省的人口动态统计，日本家庭中第一个孩子出生时，母亲的平均年龄是31岁，父亲的平均年龄是33岁。这样看来，我处于尾部，远远落后于平均水平。

正因为如此，我在相当长的一段时间内，都是看着我的同龄好友陆陆续续成为父母。然后我发现，他们成为父母后，都会说同样一句话："我家的孩子最可爱！"

哎呀，几乎毫无例外，大家都变成了"傻瓜父母"。对于那些有了孩子之后，性格就完全改变了的朋友，我从心底祝福他们，替他们高兴。但是，有一点我无法否认，那就是我一直在从局外人的立场上冷静地观察着他们，观察着那种"完全沉溺于自己的孩子，且丝毫感觉不到羞耻"的奇妙状态。

不过，之前我心中的疑问，如今已经完全有了答案。大家总说"我家的孩子最可爱"，这种说法果然是有问题的。我自己有了孩子之后，才敢这样断言。正确的说法应该是"这孩子不是别人家的，正因为是我家的，所以才最可爱"。

养育孩子会让人失去客观性。对孩子的爱，从脑的结构上看，和恋爱并无二致。这一点本书中已经详细说明过。恋爱会让人陷入"情人眼中出西施"的状态，而育儿亦然，也会让人陷入一种"一切都很美好"的状态。

如果仅仅是无条件的溺爱，那么影响还不算严重。但是，正如恋爱与"想束缚对方"这种内心的情感密不可分，父母对孩子的爱，也会伴有一种束缚性的愿望——"希望自己的孩子能按照自己的意愿成长""希望自己的孩子听话"。这种控制欲，或许正是"过度养育"问题的导火索。

考虑到大家的接受程度，有一件事情本书并没有明言，不过为了避免产生误会，在此我还是想说清楚。那就是实际上，人类的发育规律决定了孩子不会听从父母的话。

另外，还有一件更具冲击性的事情，即对于人类而言，父母原本也不适合养育孩子。

估计不少人无法接受上面的观点。那些想要获得"育儿技巧"的读者，恐怕还会因此感到不快，进而质问我："育儿不是父母的任务？那它是什么？！"

目前，日本民法第 877 条明确规定"直系亲属以及兄弟姐妹，有相互抚养的义务"。简单来说，就是父母有抚养孩子的义务。如果不遵守这一点，那原则上就是一种违法行为。这意味着，我刚才的观点是与法律的立场相矛盾的。但是，在我看来，这个常识正是育儿难题的根源。

请大家冷静地思考一下，对于人类而言，最初的亲子关系是什么样的？仅仅关注现代社会是无法找到答案的，因为我们现在的生活，与我们作为哺乳动物"人"的自然状态是完全不同的。

人类像现在这样定居生活，至多只有 1 万年的历史。可以说，这是"最近才发生的事情"。如果将人类从诞生至今横跨数百万年的人类史，换算为 365 天的话，人类的定居生活只有除夕所在的那一天而已。在其余的 364 天的漫长日子里，人类过着狩猎、采集的生活。

人脑并不是定居生活环境下的产物，它的很多功能是为了适应狩猎、采集生活而进化出来的。在一年之中的最后一天，突然变为定居生活的人类其实无法顺利适应这种变化。这种冲突，在现代社会的育儿活动中，往往会让人感到异常疲惫。

在此，请大家重新思考这个问题。在狩猎、采集时代，人类的孩子是由谁养育的？请大家尽情发挥想象力。我们可以先排除"父亲"，因为那个时期，父亲需要负责打猎，而且据说那个时候孩子的父亲究竟是谁，也是完全不清楚的。

那么，是由母亲来养育孩子吗？人类属于哺乳动物，为孩子哺乳是母亲的职责。在那个没有配方奶粉的时代，没有母乳可吃的婴儿只能迎来悲剧。

然而，母乳喂养的时限最多为一年。哺乳期结束后，那个时代的女性通常会再次怀上孩子。在那个时代，人类生育孩子的数量要比现在多得多。一位母亲基本上不是怀孕了，就是在哺乳期。当时女性典型的一生，就是一直处于"怀孕—哺乳"的循环之中，然后在 30 岁左右的时候迎来生命的终结。

面对这种节奏快到令人头晕目眩的人生，当时的女性自然也没有时间仔细照顾孩子。那么，在当时的人类群体中，孩子究竟是由谁养育的呢？一种可能是由部落里的老年女性养育。即便在原始社会，也有一些女性能够活到绝经以后很长时间。这种长寿的女性，凭借其长年积累的智慧和经验，确实可以负责养育部落里的孩子。实际上，即便是在现代的文明社会中，老一辈人对孩子的感情胜过父母的情况也不在少数。说不定，人类在原始社会时就是这样了。

不过，这种情况并不能充分回答我们的问题。考虑到当时人类的平均寿命，由极少数的老年女性来照顾数量巨大的婴儿和儿童，显然是人手不够的。

那么，在原始社会中，人类的孩子究竟是由谁来照顾的呢？答案是兄弟姐妹和其他孩子。在当时的社会中，孩子的数量是非常多的，完全不会出现人手不足的情况。

孩子在其他孩子的照顾下长大。所有孩子会倾向于听其他孩子的话，而不是听父母的话。

这个观点，对于那些把"养育孩子是父母的责任"视为常识且不容置疑的人来说，恐怕是一种异端，很难会得到认同吧。

现在请大家思考一下某个家庭搬到国外后的情况。例如，有一个家庭因父母工作调动，需要全家搬到美国居住。在这种情况下，孩子们的英语水平可能会很快提高。特别是小学低年级以及更小的孩子，英语会变得比自己的母语还要流畅。即便在学校待的时间不及和家人在一起的时间长，孩子也会选择使用能够与当地的朋友交流的语言。

从这件事可以看出，孩子非常重视与同龄朋友之间的交流。与父母交流时必须使用的母语会渐渐生疏，则证明孩子不太重视与父母之间的交流。

孩子的天性倾向于不听父母的话。

父母也不适合养育孩子。

所以，如果父母一直抱着"父母是为了养育孩子而存在的"这种心态，那么无论对于孩子还是父母，这都将是一种不幸。

如果我们鼓起勇气去接受这个不容易被认同的观点，那么作为父母，我们应该以什么样的心态去养育自己的孩子呢？

有一点我可以明确回答，那就是"为孩子提供良好的环境"，比如一个有着能为孩子带来良好影响的朋友的环境等。它可以是托儿所，也可以是幼儿园，还可以是儿童中心或居住的小区，连小学、中学和高中也包含在内。

对于我个人而言，现在回想我之前的经历，真正对我的人生决定产生影响的并非是我的父母，而是我在学校的朋友。这并不意味着我对父母没有感激之情——如果要说感激之情和亲情，自然是与父母的更加深厚——但是，在关于人生道路和价值观形成的直接影响上，朋友更加重要。在关键的事情上，朋友的话会潜移默化地影响我，有时还会在某个瞬间直接就起了作用。

英国有一句谚语说，马不喝水不能强按头。马喝不喝水，要看马自己的情况。父母即便按照自己的意愿去强迫孩子，也终究会迎来极限。因此，重要的是区分开哪些是父母能做的、哪些是父母不能做的。在父母无法起作用的范围，父母需要一种克制自我、静心守护的耐心和勇气。

从另一角度看，这个观点也具有非常重要的意义。

每当看到孩子被虐待或被抛弃的新闻时，我都忍住不住流泪，甚至感到内脏仿佛要被愤怒的火焰所灼烧。不过，对于这种情况，一味地去责备加害者"不配做父母""不是人"，其实未必是正确的态度，因为在一定的概率中，确实存在对孩子没有产生爱的父母，这其中的部分原因在于基因。

比如本书中曾经讲解过的催产素，有的人就无法顺利地分泌催产素。在这类人的大脑中，不会出现我们自然而然产生的那种"我的孩子真可爱！"的情感。如果是这种情况，一味地责备父母，就如同去责备残疾人没法像正常人走路一样。一想到会存在这类情况并导致一些孩子受害，我就会感到非常悲伤。

在这种情况下，将孩子从父母身边带走，或许是一种解决的办法。此时，值得庆幸的就是对于人类的孩子而言，朋友的影响比父母的更大。孩子心灵上的创伤或许一生都难以治愈，但尽快让孩子转移到新的环境中，让他们遇到好朋友，或许能给他们的人生带来新的转机，而这也是我一直所希望的。

对于我女儿来说，我的角色是父母。不，或许应该说，我的角色仅仅是父母。我的影响力无法像女儿的朋友那样，这真是一件令人遗憾的事情。

正因为如此，我在养育孩子的过程中采取了一种"反向策略"。读完这本书的读者想必已经知道了，那就是"成为孩子的朋友"。用朋友的身份与孩子相处，然后加入到孩子的朋友群体中。结果就是，女儿不仅对我更加坦诚，打开了心扉，还会认真听我所说的话。连带着，用大人的身份喊"为什么不听我的话！"的次数，也一下子减少了很多。

说实话，一直模仿孩子的行为有时也挺困难的。这时候，还有一种有效的策略。这个策略的关键之处在于我有两个女儿。当棘手的问题发生时，我会避免直接去干涉，而是拜托其中一个女儿去说服或倾听另一个女儿。这种方法，比我直接介入要有效得多。

要说这是秘诀的话，其实也不是什么大不了的事情。但是，从人脑的生理层面来考虑如何解决问题，确实可以说是我的私家绝活。在本书中，其实有很多我作为脑科学研究者的个人经验，有的明确说明了，有的则隐含在句子里。

不过，请注意，书中的经验不过是育儿的个例而已。本书不适用于对比孩子的成长情况或家庭环境。我写作这本书的目的，是希望大家能从我的经验中获得一些养育孩子的启示。

如果脑科学研究者的视角能够在大家的育儿过程中发挥作用，我将非常高兴。衷心希望大家能从那些转瞬即逝的日常之事中获得新的发现和感受，从而在育儿活动中获得更多乐趣。

最后，在本书新版再版之际，衷心感谢扶桑社的责任编辑山口洋子女士。